人妻手記

満たされない人妻の
禁断不倫SEX

～寒い冬に夫に隠れ……
背徳イキ！～

竹書房文庫

第一章

今年最高に感じた不倫体験

第二章

今年最高に燃えた不倫体験

第三章　今年最高に乱れた不倫体験

第四章

今年最高に蕩けた不倫体験

第一章

今年最高に感じた不倫体験

■彼はパンパンに大きく膨らんだ亀頭で、濡れてヒクつくクリ豆を刺激して……

ワケありイケメン店長の来訪で禁断の快感が弾けて！

投稿者 真田ほのか（仮名）／32歳／パート

少し前まで近所のスーパーでパート勤めをしていたのですが、そこで同じパート仲間たちから激しいイジメを受け、私は軽い鬱病を発症してしまいました。イジメの原因は、皆のアイドルともいえる店長（三十七歳）に私が色目を使ったというもので、まるで身に覚えのない言いがかりだったのですが、誰も私のそんな反論などまともに聞いてはくれず……。

「ふん、ちょっと若くて美人だからって調子に乗って！　あんたが店長の前ではわざと制服のシャツのボタンを二つ多めに外して、胸の谷間をチラ見せして誘ってるの、アタシらが知らないとでも思ってるの？　このインラン女が！　店長はアタシら皆のものなんだから！　抜け駆けなんて許さないわよ！」

いやもうホント、悪意ある言いがかり以外の何物でもありません。

たしかに店長は、ちょっと俳優の伊藤○明似のイケメンと言ってもいい整った顔立ちな上に、紳士的で誰にでもやさしい人柄とあって、私ももちろん少なからず好感は抱いていましたが、当然私も彼も双方家庭持ちだし、そんなダブル不倫の関係なんてはなから考えられず……皆の言い分にただひたすら「はあっ?」と首をひねり、あきれるばかりだったのです。

でも、最初は相手にせず無視してればそのうち収まるはずと、平気な顔をして仕事を続けていたものの、皆の私に対する憎悪と嫌がらせは収まるどころかひどくなる一方で……とうとうある日、パート先へ向かうのにどうにも家から一歩も足を踏み出すことができず、それを境に鬱病による引きこもり状態に陥ってしまったというわけです。もちろんパートは辞めざるを得ませんでした。

それからは心療内科を受診しつつ、日々会社帰りに買い物してきてくれる、やさしい夫のサポートもあって、私の症状は少しずつ改善していきました。この調子なら、あともうちょっとでまた何か別のパートを始められるかな……ようやくそんなふうに思えるまでになってきたのです。

でも……それは私がスーパーのパートを辞めて一ヶ月くらいが経ったある日のこと、思いがけない出来事が起こったのです。

午後三時頃、自宅賃貸マンションの玄関チャイムが鳴ったので、私はとりあえずドアの覗き穴から、そっと来訪者の様子を窺いました。

するとそこにいたのは、なんとあの問題の店長でした。

諸悪の根源と言ったらさすがに言いすぎですが、何といっても今回の顛末の最大の原因となった存在であることは間違いありません。正直顔を合わせたくない気持ちが強く、一瞬居留守を使ってやり過ごそうかと思いましたが、実際には彼自身に非は一つもなく、しかも私が辞める際にすごく残念がり、引き留めようとしてくれたことはやっぱり嬉しくて（彼はパート間のイジメについて何も知りませんでした）……結局、私はドアを開け、彼を迎え入れていたのです。

「突然訪ねちゃってごめんね。あれから一ヶ月、どうしてるかなって気になりだしたら、もう居ても立ってもいられなくって、総務から住所を聴き出して……」

店長は手土産の菓子折りを手渡しつつそう言い、私はお茶を出しながら、

「その節はご迷惑をおかけして……おかげさまでだいぶ落ち着きました」

と、鬱病もかなり改善し、そろそろ新しいパートを始めようと思っていることを伝えました。

「そうか、それはよかった……」

そう言ってくれた店長でしたが、その笑顔にはいつもの明るさが欠けているように

感じました。しかもそのあと、大して言葉も続かず何かもったいぶっているようなので、私は思い切って言っていました。

「あの……今日は何か他のご用件もあるなら伺いますが……私、そろそろ主人を出迎える準備をしないと……」

何だかんだで時刻は五時近くになっていました。頼んだ買い物をして、夫があと二時間ばかりで帰ってくるはず……そんな急かす気持ちも言外に含めて。

すると突然、店長の目の色が変わり、

「さ、真田さんっ……！」

そう唸るように言うと、目の前にあるローテーブルを脇に押しやり、私に抱きつくや否や、カーペット敷きの床に押し倒してきました。ガチャガチャッと音を立てて、ローテーブルからお茶の入った器が落ちました。

「えっ！　な、何するんですか、店長⁉　やめてください！」

よく考えてみれば、今はもう私たちの関係性は店長でもパート従業員でもないのに、やっぱりそう呼んでしまいます。でも、私に覆いかぶさった彼がどいてくれることはなく、顔と顔がくっつかんばかりの至近距離で思いがけないことを言ってきたんです。

「きみがパート仲間たちからイジメられていたこと……本当は知ってたんだ。しかも、その原因は俺が作ったみたいなもので……ごめん、許してくれっ！」

「ええっ⁉ て、店長、それ一体どういうこと……？」

「実は、パートさんの一人から、私たちの中で不倫するとしたら、店長は誰がいいですか？　って訊かれたことがあって……てっきり冗談だと思ったものだから、つい……真田さんかなあ、って答えちゃったんだ。そしたらそのパートさん、いきなり顔色が変わって……しまった！　と思ったときにはもう手遅れだった。すぐそのあとから、きみへの激しいイジメが始まったって聞いて……！」

まさかまさかの衝撃の告白でした。

「そんなっ！　店長の冗談交じりの答えのせいで、私、鬱病になるほどつらい目にあって……ひどすぎます！」

私は思わず涙ぐんでしまいました。

でも、店長はものすごく真剣な表情でこう言ったのです。

「違うよ。冗談なんかじゃなく……本当に真田さんのことが好きで……とっさにホンネを答えてしまったんだ！」

そして有無を言わさず私の唇を奪ってきました。激しく吸いむさぼった挙句、舌と舌をからめてきて、ジュルジュルと唾液を啜り立てて……。

「……んあっ、はぁっ！　て、店長っ、ダメッ……！」

私は必死に抵抗しようとしましたが、店長の淫らな責め立てがあまりに激しすぎて、意識がとろけ朦朧としてきてしまって……！

「だからきみが店を辞めてから、ずっと良心の呵責に苛まれて……いつかちゃんと謝りたい、償いをしたいと思ってて……とうとう今日、ここへ……！」

え？　謝るのはいいとして、償いって……私を抱くっていうこと？　何その勝手な解釈？　だ、誰もそんなこと望んでないっ……！

「ひっ、ひあぁ……あうっ、はぁっ……！」

私のとまどう思いを断ち切るように、店長は白いウールのセーターをめくり上げブラを剝ぎ取ってしまうと、プルンとこぼれ揺れる私の乳房にしゃぶりつき、両手で激しく揉み回しながら乳首を遮二無二吸い立ててきました。その愛撫にはテクニックも繊細さもありませんでしたが、逆にだからこそ店長のまっすぐすぎる想いが伝わってくるようで、私はやたら感じてしまったのです。

「ああ、真田さんのオッパイ、最高だ！　甘くておいしい！　さあ、きみにつらい思いをさせた償いに、今日はとことん愛してあげるからね！」

だ、だから、何でそうなるの！　……もう店長の自己中すぎる贖罪行為を止められそうにありません。彼はジーンズとショーツも脱がして、とうとう私を全裸に剝いてしまうと、既に否応もなく粘ついてしまっている股間の茂みにむさぼりつき、濡れてヒクつくクリトリスを舌先でコネコネともてあそび、しとどに熟れ乱れている肉ワレをシャブシャブ、ジュルジュルと吸いしゃぶりながら、ヌチャヌチャと指で抜き差ししてきました。

「あひぃ、ひっ……んあっ、あ、あああぁぁぁ〜〜〜〜っ！」

今や私の性感も恥ずかしいくらい昂りきってしまい、舌や指じゃなく、もっと太くて長くて固いもの……たくましい力感に満ちたペニスが欲しくて仕方なくなってしまっていました。するとまさに阿吽《あうん》の呼吸で、店長も下半身裸になってギッチギチに勃起したペニスをさらしてくれて……そのパンパンに大きく膨らんだ亀頭で、私の濡れてヒクつくクリ豆をクチュクチュと刺激してきて……！

「んはあぁっ！　あ、ああん……もうダメ、ガマンできない！　店長、早くその立派なオチ○ポ、私のオマ○コに入れてくださぁい！」

あまりにもあられもない私の懇願に「よし、わかった！」と応えると、店長はいよいよ私を貫き、力強いピストンを繰り出し始めました。固い肉棒の力感によってクリトリスがつぶれこすれ、肉ワレが突かれ歪められ……嵐のような快感の大波が私を呑み込んでいきます。

「あ、ああっ……いいっ、いいの！　店長、キモチいい～～っ！」

「んぐっ……真田さん、ぼ、僕も最高にいいよ……真田さんのオマ○コ、イソギンチャクみたいにからみついて締めあげてきて……くうっ！」

私たちの肉のぶつかり合いは見る見る激しくなり、とうとう最後、お互いに最高のクライマックスを迎えながら、動きを止めました。

そして今、次の新しいパート先に勤めながら、私は店長とのヒミツの禁断関係を続けています。そのやさしすぎる性格ゆえに私の心身を心配する夫は、未だに滅多にカラダに手を触れてくれようとはせず、その性欲的飢えを私は店長で満たしているというわけです。

こんな私、たしかに以前パート仲間たちが言っていたように、どうしようもないインラン女なのかもしれない……今はそう思ったりもするのです。

■密かな振動音とともに、おもむろに乳首とアソコに甘い刺激が……

会社内で遠隔操作こっそり羞恥プレイの快感に悶えて

投稿者 飯島里依紗（仮名）／27歳／OL

アタシ、二年前に結婚したんだけど、その前から不倫関係にある会社の上司・田中課長（三十四歳）と、未だにセフレづきあいしてます。いや、夫のことはもちろん心底愛してるんだけど、課長との関係はそういう次元の問題じゃなくて……とにかくエッチに関してとことんアグレッシブでアイデアマンなところが魅力で、絶対に離れられない相手なんですよー。

もちろん、課長にも愛する奥さんと小さな娘さんがいて、とっても家族思いな人なんだけど、とにかくいろんなアイデアでエッチを楽しみたい課長に反して、奥さんがそういうのにすっごく淡泊な人らしくって……一方のうちの夫は超マジメ人間とあって、エッチなんてただの生殖行為ぐらいにしか思ってない節が。だからアタシと課長、お互いの結婚パートナーにエッチ面での不満を抱える者同士、ある意味運命の相手なんじゃないかと思ってるんです。

そんなわけでアタシたち、これまでいろんなプレイに取り組んできたけど、ついこの間チャレンジしたヤツも相当ヤバかったな～。

名付けて『遠隔操作こっそり羞恥プレイ』！

ほら、エロ漫画や小説なんかでよくあるじゃないですか、周囲には知られないように女性の敏感な部分にエッチな電動道具を仕込んで、何食わぬ顔で普段の生活をさせておきながら、リモコンを持った男の気分一つでスイッチオン！　女性はカラダに仕込まれた道具が密かにもたらす刺激と快感に悶え喘ぎながら、周りの人間にバレないように必死で堪えるっていう……アレね！

それまで、そういうエッチなローターとかバイブとかって、言っても電池で動かさなきゃいけないわけでそれなりにかさばるし、身体の線が出るボディコンシャスな女性の服の下に、そう簡単に仕込めるわけないじゃんってアタシなんか思ってたんだけど、課長が持ってきた今どき最新型の道具を見てびっくりしちゃった。主に乳首を責める用の、ラグビーボールみたいな形をしたローターも、アソコに挿入する用のバイブも想像以上に小型軽量化されてる上に、操作性も格段にアップ！　振動の微妙な強弱から、回転を伴ったイヤラシイ動きの調整まで、ほんとカンタンにできちゃうんだから恐れ入っちゃう。しかも操作可能な電波の届く範囲も十メートル四方ぐらい楽勝！

その技術の進歩に、アタシまじ感動しちゃった。人類の英知と尽きせぬスケベ心に乾杯！　ってね！（笑）

で、いよいよその『遠隔操作こっそり羞恥プレイ』決行の日、アタシたちは二人話し合って、プレイタイムは午後二時から会社終業の午後五時半までの三時間半とすることに決めました。尿意のことやら考えるとそのぐらいが限界かな、と。

そして二時十分ほど前、アタシと課長は社内に一つだけある広い『多目的（多機能）トイレ』にこっそり二人で入ると、課長は一旦全裸になったアタシの体の、左右の乳首にローターを取りつけ、アソコとアナルにそれぞれ中小のバイブレーターを挿入、固定してくれました。その装着法もワンタッチですごく簡単になっている上に固定強度もバッチリ。その上から下着を着け、会社の制服を着てもカラダの線が崩れて見えるようなこともなく、二時ちょうど、アタシは昂る高揚感に胸とアソコをドキドキズキズキさせながら、課長はリモコン装置を手に、いざ自分たちが働くオフィスへと向かったんです。

課長のデスクとアタシのデスクの間の距離は、およそ六メートル。リモコン操作には余裕の範囲です。アタシはデスクに着き、パソコンで手持ちのデータ入力作業に当たりながら、いつ課長がリモコンのスイッチを入れるか、ドキドキしながら待ち受けていました。でも、五分経ち、十分が経ってもアタシのカラダに仕込まれたエッチな道具たちが動きだすことはなく、アタシはだんだん焦れてきてしまいました。

（んも～っ、課長ったら……まだ～っ？　なんだか待ちきれないあまり、アタシのアソコ、勝手に湿り始めちゃってるんですけど～……）

密かにそんな恨みがましい視線を送るものの、課長はニヤニヤするだけで……とそのとき、近くを通りかかった先輩ＯＬから、昨日アタシが作成した資料の内容について質問されたので、それに答えていると……、
ヴ、ヴヴヴ……ヴゥーン……ヴ、ヴ、ヴ…………

密かな振動音とともに、おもむろに乳首とアソコに甘い刺激が……！

（えぇっ！　こ、このタイミングでっ……!?）

「で、ここ、九月の納品金額なんだけど……」

「……あ、あのっ、そ、それはっ……う、んんっ……」

「何よ？　ちょっとお、ちゃんと答えられないの？」

「い、いえ……そ、そういうわけじゃなくって……んくっ……」

左右の乳首への振動が交互に、そして次に同時に、妖しい強弱を伴って甘い刺激を

注ぎ込んできて、ジンジン痺れてツンツンに尖って……！

　アソコの根元まで埋まったバイブが、こちらも自由自在に振動を強弱させながら、クネクネと身をくねらせ踊って、クリトリスと肉ひだへの刺激が見る見るエスカレートして、下半身がとろけるような感覚に陥って……！

「……んあっ！　あ、あのスミマセン……アタシ、ちょっと体調が……あとでそちらまで説明に伺いますから、少し休ませてください……」

「ちょっと大丈夫ぅ？　わかった、頼んだわよ」

　何とかその場をしのいだものの、今度はなんと部長が近づいてきました。そして、先だってアタシがまとめた営業レポートがよくできていたと、お褒めの言葉を並べ始めたんです。う～っ、普段だったら嬉しいんだけど、今は勘弁……！

　苦痛ではなく、密かな快感による脂汗を流しながら、何とか部長をやり過ごそうとしたアタシでしたが、こともあろうにここで課長ったら、乳首のローターとアソコの中型バイブと同時に、アナルの小型バイブのスイッチをオンにしてきたんです。太く唸るようなヘビーな振動が直腸まで響いてきて、それがアソコで乱れ舞う快感とあいまって、アタシの下半身をとんでもない衝撃が見舞ってきました。おかげで、自分でもわかるくらい大量の、愛液やら何やら妖しい体液があとからあとから溢れ出してきて……っ！

「じゃあね、これからもがんばって！」

そう言って、ようやく部長が行ってくれたけど、この時点でまだ時刻はやっと三時を回ったところで……あと二時間半、どうなることかと思ったけど、幸いもうそれほどのピンチに見舞われることもなく、アタシは密かに静かに課長のリモコン操作によるヒミツの快感タイムを、たっぷりと楽しめたっていうわけです。

でももちろん終業後、アタシが課長を引きずるようにしてホテルへ連れていき、ある意味ナマ殺しにされ続けた鬱憤を晴らすべく、彼が泣きを入れるまで腰を振り続け、本番セックスの快感をむさぼり尽くしたのは言うまでもありません。

さて、課長が次はどんな不倫エッチプレイを提案してくれるのか、今から楽しみでしょうがないんです。

■私は彼の分厚い胸筋の重みに押しひしゃげられながら乳房を吸われて……

子供の体操教室で指導員のたくましい筋肉に犯されて

投稿者 丸山里香（仮名）／30歳／専業主婦

小一の息子・大河が、急に体操を習いたいと言いだしました。つい最近同じ町内に体操教室ができたのですが、そこに大の仲良しの卓人くんが通い始め、どうやら自分もいっしょに行きたくなったらしいんです。

まあ私も前から、大河には何かスポーツを習わせて、父親（私の夫／四十歳）と違って屈強な男になってほしいなあと思ってはいたので、二つ返事でオーケーしてあげました。決して安い月謝ではありませんでしたが、親から大きな工務店の経営を受け継いだ夫は稼ぎだけはよかったので、痛くも痒くもありません。

とはいえ、どんなところかも知らずに息子を通わせるのはさすがになあ、と思ったので、まずは親子で見学に行ってみることにしました。

早速翌日訪ねると、そこは広く、鉄棒や跳び箱、トランポリン、そのほか立派な器具・設備もたくさん揃っていて、まだオープンして一ヶ月足らずだというのに、多くの生徒でにぎわっていました。

男女数人の指導員が教える様子を眺め渡しながら、「ふうん、なかなかいいかもね」と、私としても好印象でした。大河は早速、卓人くんとはしゃぎ合っていて、もう楽しくて仕方がない様子です。

とそのとき、私はある一人の指導員に目が止まり、その姿にクギ付けになってしまいました。

年齢的には、私よりもちょっとだけ上といった感じでしょうか。身長は一七〇センチに少し欠けるぐらいで決して大きくはありませんでしたが、何といってもその筋骨隆々とした肉体の素晴らしさといったら……！　貧弱な私の夫が十人束になっても、とても勝てるとは思えないたくましさです。なのに、顔はそれこそ体操の『ひねり王子』顔負けの可愛い童顔で、そんなギャップがまたキュンキュンしちゃう！　とまあ、それからの一時間、私は見学そっちのけでひたすら彼の姿を目で追い続けるだけというう、とんだ体たらくだったんです。

あとから、彼の名は高井さんといい、私の推測どおり年齢は三十二歳、かつては国体の強化メンバーにも選ばれたことのある体操選手だったことを知りました。

そしてその日から私は、寝ても覚めても高井さんのことを思い、その姿を思い浮かべ、何なら彼のたくましい腕に抱かれる自分を夢想しながらオナニーしてしまうという、とんだ淫乱モードに陥ってしまったんです。

それというのも、ここまで読んでくださった方はもうお気づきかもしれませんが、私より十コ年上の夫はお金はあるものの、体力的には恐ろしく虚弱でセックスも弱く、大河ができてくれたのはもう奇跡みたいなものだと思っちゃうくらい。当然、ここ丸一年くらい完全なセックスレスで、まだまだシたい盛りの私は日常的に重度の欲求不満に苛まれているという有様なんです。

こうして、大河が体操教室に行くのは月・木の週二回なのですが、私も何の必要もないのにその都度、付き添って行くようになってしまいました。もちろん、目的は高井さんを視姦（笑）するため……でも、通って顔を合わせるうちに言葉も交わすようになり、それなりに彼と親しくなっていき、彼のほうもまあまあ私に好感を抱いてくれてるんじゃないかと思えるようになりました。

そんなあるとき、大河は学校の野外学習で泊まりがけで出かけて不在の日、仲のいい主婦トモとお茶した帰りの夜八時すぎに、私が体操教室の建物の前を通りかかると、ちょうど高井さんが一人で後片付け作業をしているところでした。聞くと、他の指導員の皆は先に帰したところだといいます。

えっ！　これって千載一遇のチャンスじゃね？

私の心の中で『キラ〜ン！』と、幸運の効果音が鳴り響いた瞬間でした。

いま、この誰もいなくなった体操教室に、私と高井さんの二人だけ……たくましい彼の肉体を、セックスをゲットするなら、今をおいて他にないわ！

私は急いで近くの自販機で冷たい飲み物を買ってくると、彼に渡しながら、「お疲れ様です。ちょっとひと休みしましょうよ」と言いました。

「いやあ、ありがとうございます」と応えると、彼は私を練習用鉄棒の下に敷いてある分厚いマットレスの上に自分と並んで座るように促し、私たちは飲み物を口にしました。

私たちは何気ない会話を交わしながら、その実、私は彼を押し倒す一瞬のチャンスを窺っていました。さっき戸締まりはしたので、誰か邪魔者が入ってくる心配はありません。

とそのとき、奇跡が起きたんです！

いきなり照明がすべて消えて、屋内はおろか、外の通りも真っ暗に……停電でした。

私はこの機を逃してなるものか！　と隣りの彼に「キャーッ、こわい〜！」と叫びながら抱きつき、そのまま全体重をかけてマットレスの上に押し倒しました。

さすがの屈強な彼も、いきなりのことでなす術なくその場に横たわり、「えっ？　えっ？」と言ってうろたえるばかり。私はすかさず彼の唇を捉えると、ブッチュリとディープなキスをかましてやりました。そして白いTシャツに包まれた魅惑の筋肉を撫で回しながら、なおも強引に唇を、舌を吸い立てて。

「……んんっ、んぐふ……う……ぷはっ！　丸山さん、こんなときに一体何をっ……？　はっ！　……あ、ああっ……！」

とりあえず抵抗しようとした彼でしたが、私がTシャツをめくり上げて乳首を舐めてあげると、ビクッとカラダを震わせて身悶えし始めました。

よし、この調子！　もっと押して押して押しまくるのよ、わたしっ！

さらに攻勢を強め、両の乳首を指でコネコネキュウキュウ、舌と歯でチュパチュパカリカリ責め立てながら、ジャージズボンのモッコリと固くこわばった股間をムッチリ太腿を使ってグイグイと刺激してあげると、彼の喘ぎはメス犬のようにかすれ、甘く上ずっていきました。

「あっ、ああっ……はぁ、あん……あふぅ……ま、丸山さぁん……！」

何だかまるで私のほうが犯してるみたいで、すっげえ興奮してきましたが、いやいや、そんなの困ります！　元体操選手である高井さんのたくましい肉体で、私のほうが思う存分犯してもらわないとっ……！

　私は彼の上で身をくねらせながら服を脱いでブラを外すと、自慢の八十八センチの豊乳をその口もとに押しつけてやりました。すると、さすがに真っ暗闇の中でもそれがナマ乳だとわかったみたいで、ほんの一瞬の躊躇の後、とうとう彼は開き直ったように全力でむしゃぶりついてきました。そしてその勢いのまま、いつの間にか彼が私の上になり、下になった私は彼の分厚い胸筋の心地よい重みに押しひしゃげられながら乳房を吸われて、その待ちに待った快感にあられもなく悶えおののいてしまいます。

「んあぁ、ああん……いいっ、いいわぁ、はぁん！　もっと……もっとよぉっ！　そのたくましい筋肉で、私のカラダがぶっこわれるまで犯しまくってえっ！」

　そしてそう言って激しく煽り立てながら、私は彼の下半身を裸に剝いてイチモツを引っ張り出すと、もうかなりいきり立っているソレを激しくしゃぶり立ててさらに限界までパワーアップさせました。

　まさに金メダル級の輝かしい存在感です。

　私はもうアソコをビシャビシャに濡らしながら、どの体位で犯してもらうか考えましたが、やっぱり彼の強靭な筋肉パワーを存分に味わうには、バックからズンズン突いてもらうのがベストだろうという結論に達し、真っ暗闇の中で全裸になるとお尻を突き出して四つん這いの体勢に。そして彼をバックにつかせて言いました。

「さあ、後ろから犯して、私をメチャクチャにしてえっ！」

「あ、ああっ……丸山さん……いきますよっ！」

そしてギンギンのイチモツが入ってくると、あっという間にピストン全開！　ものすごい勢いで突いて突いて突きまくってきて、私はその常人離れしたアスリート・パワーに翻弄されるままに、二度、三度と激しくイキ乱れ、もうここ何年も味わえてこなかった極上のオーガズムの悦楽を、これでもかと味わい尽くしたのでした。

この日以降、もう丸一ヶ月ほど高井さんとの間に何もありませんが、そろそろ私の欲求不満の虫がムズムズと動き出してきて……近いうちにまた襲っちゃうつもりなんです。

■私が奥さんの両脚を左右に開いて、アソコを舐め始めると、すかさず課長が……

私と課長とその奥さんと…不倫関係の淫らすぎる代償

投稿者　衣笠サクラ（仮名）／31歳／銀行員

勤めている銀行の上司・桜井課長（四十歳）と不倫の関係になってから、もう丸二年になる。最初は、セックスに淡白すぎる夫に愛想を尽かした私が、課長がかなりの床上手だという噂を耳にしてがぜん興味を持ち、こっちからモーションをかけたのが始まりだった。

すると、実際に付き合ってみた課長は、その噂に違わぬテクニシャンであり、アイデアマンであり……そして何より根っからのスケベというステキな人間性で、私との不倫エッチを愉しく気持ちよく大いに盛り上げてくれて、私はどんどん彼との関係にのめり込んでいってしまった。

そんなこんなで一番夢中になっていた最初の頃は月に三〜四回、その後月に二〜三回……そして最近では月イチというかんじで落ち着いてきてはいるけど、今でも私は課長との不倫逢瀬をかなり楽しみにしている感じだったりする。

そんなある日のことだった。

課長が、月イチの不倫逢瀬の場を自身の自宅マンションにしたいという、かつてなかった提案をしてきた。私はびっくりしたけど、ちょうどその日曜日、丸一日奥さんも中学生の娘さんも不在だからということで、そういう私の知らない生活感のある空気の中でヤルのも、それはそれでちょっと刺激的かもと思って、結局オッケーした。夫もどうせいつもどおり、日がな一日趣味の釣りに出かけてしまうはず。あとまあ、あらかじめ私も課長も、自分の家庭を壊すつもりはさらさらないから、家バレしたところで実害がないだろうことは了解済みだったわけで。

ということで当日、約束の正午に、私は課長の自宅マンションを訪ねた。

「やあ、ようこそ。汚いところだけど上がって、上がって」

「はい、おじゃましまーす」

靴を脱いで室内に上がるなり、もう待ちきれない私は課長に抱きついてキスしようとしたのだけど、

「はいはい、焦らない、焦らない。せっかくだから僕らの夫婦の寝室でやろうよ。きっと背徳感満点でコーフンするよ?」

と言って押しとどめられ、私は「え～っ？　も～っ、悪趣味なんだから～」と冗談

めかして答えながらも、正直、たしかにその提案にちょっとドキドキしてた。

ふだん課長が奥さんとヤッてるベッドで私がヤルなんて……！

ところが、現実はそんな甘いもの（？）じゃなかった。

寝室のトビラを開けると、なんとそこには奥さん本人が！　しかも一糸まとわぬ全裸の姿でベッドの上に寝そべってるなんてっ……!?

私は前に写真で見たことのある彼女の顔をしっかりと認識しながら、いったい何がどうなって、こんなことになっているのか……体は固まり言葉も出ず、頭の中は混乱で爆発してしまいそうだった。

するとようやく、課長が事の次第を説明し始めてくれた。

「ごめん、衣笠さん……僕らの関係、美由紀（奥さんの名前）にバレちゃった。まさか興信所に調査させてたなんて思いもしなかったよ」

そう言いながら、ホテルから肩を寄せ合って出てくる私と課長の姿が写った写真を何枚か見せてくれた。しかもそれは複数か所に渡っていて。

「は〜っ……こんな明確な証拠を突きつけられたんじゃ、ぐうの音も出ないよ。一〇〇パーこっちが悪くて、このままだととんでもない慰謝料取られた上に娘の親権も奪われて……僕ももう終わりさ。そして、それは君も同じ……まあ子供がいない分だけマシだろうけど、ろくなことにはならないだろうね」

それを聞きながら、自分でも血の気が引いていくのがわかった。私も性悪な浮気妻として離婚される？　しかも莫大な慰謝料を取られて……！

自分でまいた種とはいえ、絶望のどん底に叩き落とされたような気分だったけど、そのあとに課長が話してくれたのは、あまりにも意外すぎる内容で。

「でも安心しろ。そうならないよう美由紀が交換条件を出してくれた。いいか、よく聴けよ？　僕らがいつもやってる不倫エッチのプレイに、自分も混ぜてもらって満足させてくれれば、すべて不問に付す……つまり僕と君と妻で３Ｐして、妻を気持ちよくしてあげれば、離婚も慰謝料も親権剝奪も……全部ナシってこと。この信じられないありがたさがわかるか？」

課長からそう問いを振られ、私は頷くしかなかった。

「よし、わかったのなら、そうやってぼーっとしてる場合じゃないぞ！　さあ、僕も脱ぐから君も脱げ！　三人でベッドインだ！」

課長は、最初から本当のことを言うと、私が恐れをなして逃げるかもしれないと思って、だまし討ちのような格好で自宅に来させたのだろう。たしかにこの局面に追い込まれたら、もう当たって砕けるしかない。

私は速やかに全裸になり、課長もそれに続いて、奥さんと三人でベッドに上がる格好となった。改めて見ると、奥さんもとても四十近いとは思えない、いいカラダをしていた。プロポーションも肌ツヤもよく、エステやフィットネスなど、自分磨きにお金と時間をかけていることが窺えた。まずどうすればいいのか、とまどい気味の私だったけど、とにかく奥さんを悦ばせることに決めた。私が奥さんの両脚を左右に開いて、アソコを舐め始めると、そこですかさず課長が奥さんのオッパイを揉みながら、チュウチュウと乳首を吸い始めた。すると、最初こそ緊張気味の奥さんだったけど、次第にハァハァと息を喘がせ始め、

「……んあっ、ああ……はぁん、あう……っ……」

と、甘やかな嬌声をあげ、見る見るアソコはスケベ汁で溢れこぼれ、私の口では受けきれないほどだった。

よしよし、いいぞ！　もっと感じさせてあげちゃうんだから！

私はがぜんノリノリ状態になると、今度はその濡れ溢れた奥さんのアソコに指を一本、二本と入れていき、ニュルニュルとひねりを加えながらヌプヌプと抜き差しを繰り返してあげた。

「あひぃっ！　ひぃ……はぁん！　あぁあぁぁ……！」

奥さんの官能の嬌声はさらに一オクターブ上がり、腰をヒクヒクと迫り上げながら悶え喘いでいる。ああ、私も興奮してきちゃった……。

「よし、いいぞ、衣笠さん！　その調子だ！」

課長はそう言うと、何を思ったか、次に勃起した自分のペニスを私のアソコに向けて突き入れてきた。ええっ、奥さんに入れてあげないの⁉　私が思わぬ挿入で喘ぎながら驚いていると、課長はなんと奥さんにこんな指示を出した。

「さあ、美由紀、今度はおまえが衣笠さんのオッパイを舐めてあげるんだ。されるだけじゃなく、してあげることで、興奮も快感も二倍三倍に膨れ上がるっていうもんだ！　さあさあ！」

「ええ、わかったわ……」

奥さんも素直に従うと、私の胸にむしゃぶりつき、舐めしゃぶり、吸い啜ってきて……時折伸ばした爪で乳首をキリリとつねりねじってくるのが、えも言われずイタ気持ちいいっ！

そしてそんな私の昂る様子を窺いながら、絶妙の強弱とリズムでアソコにペニスを抜き差ししてくる課長が何とも心憎い。私の性感のすべてを知り尽くしている課長にかかれば、奥さんの繰り出す乳首愛撫にピストン責めを巧みにコラボさせて至高の官能を生み出すことくらい、決して難しいことじゃない。

「あぁっ、あっ、あああぁぁぁ……ひぃあぁぁ、あんっ……課長、すごいぃ！　奥さんも絶妙〜〜っ！　アタシもうヨすぎて死んじゃう〜〜〜！」

喉奥からほとばしる喜悦の絶叫が止まらない！

そしてたまらず私がイキ果ててると、課長は今度はバックから奥さんをズンズンと貫きながら、私のアソコを舐めさせてきてっ……！

ああ、マジこんなことってある？

夫にバックからファックされながら、その夫の不倫相手のオンナのマ○コを舐める奥さん……こんなのおかしい、おかしいよ！　でもでも、信じられないくらいキモチいい〜〜〜〜〜っ！

こうして、私と課長とその奥さんのオキテ破りの３Ｐエッチは夕方まで四時間に渡って続き、結局私がおいとましたのは六時すぎだった。約束どおり奥さんは私と課長の不倫を許してくれるだろうけど、どうやらこの特殊すぎるプレイの魅力にハマってしまったようで……この先一体どうなっちゃうんだろう？

■あたしはそのイケチンをうっとりと愛でるように咥え、舐めしゃぶって……

イケメン好きのあたしの新しいフリン相手はまさかの…

投稿者 小向加奈子(仮名)/25歳/パート

あたし、フリン依存症なんです。

二つ年上のダンナのことは愛してて、夫婦生活に何の不満もないけど、それとは関係なく、ダンナ以外の誰かとフリンしてないと気が済まない。ダンナ以外の男とセックスしてないと物足りなくて仕方ないんです。

そんなわけでついこの間も、三ヶ月ほど前からそういう関係にあるパート先の工場の男性社員(二十七歳)と、お互いに時間の都合をつけてホテルで会って、さんざんシックスナインでお互いの性器をしゃぶり合ったあと、

「……あ、ああっ……オレ、もうガマンできないよ……」

「あ~~~ん、あたしもあたしもっ! きて、きてえっ!」

がっつりハメ合い、彼はものすごい勢いで腰を打ち付けた末に、ドクドクと射精。大満足昇天したあたしは、彼のザーメンでたっぷんたっぷんになったゴムをアソコか

ら抜き出し、まったりと快感の余韻を楽しんでたんです。

でもそのとき、彼から思わぬ衝撃発言が！

「実はオレ、今度○△県の工場に異動することになったんだ。だからもうこうやって会えない。ごめんね」

ガーン！　ちょっと待ってよー！　せっかく相性バッチリのエッチ相手に出会えたと思ってたのに……また苦労して次の人見つけなくちゃいけないじゃないのよー……えーん！

っていう、あたしの心の声が聞こえたのか、彼はニヤリと笑ってこんなことを言いました。

「でも安心して、オレの後釜はちゃんと見つけておいたから」

は？　後釜って……マジ？

「オレも加奈子のことはすっげー気に入ってたからさ……オレがいなくなって淋しい思いさせちゃうかと思うと不憫でしょうがなくて。今の工場の後輩の中からとびっきりのフリンエッチ相手、ご用意させていただきました！　もちろん、オレと同じく妻子持ち！」

あたしは彼の心遣いに思わず胸を熱く震わせ、おまけにたった今ハメまくったばかりだというのに、アソコも熱く疼かせていました。

うん、やっぱりフリンは男女双方にパートナーがいて平等にリスクがあるWフリンじゃないと燃えないよね！　でも、その後輩ってどんな人なんだろ？　あたしも知ってる人……？

「実は今ソイツ、外の車で待ってるんだ。改めて当人同士だけで会うより、オレが同席して申し送り（笑）したほうが手っ取り早いかなと思ってさ」

なるほど、気が利いてるようなそうでもないような……。

でも早くその新しい彼に会いたいことには違いなかったので、あたしは彼らがスマホで話す様子を傍で聞きながら、胸をワクワクさせてたんです。

そして五分後、部屋に新しい彼……俊太さん（二十六歳）がやってきたんです。

そういえば工場内で何度か見かけたような気が……？　ぐらいのかんじで、彼の顔を見てもあまり印象にはありませんでしたが、それもそのはず。けっこう派手めイケメンの前カレに比べて、俊太さんは誰がどう見ても地味でパッとしないタイプで、およそ特徴らしい特徴がなかったんです。

まああイケメン好きのあたしとしては、正直ちょっとガッカリしちゃいました。

う〜ん、こんな人じゃああんまりときめかないなあ……って。

でも、まるでそんなあたしの心中を見透かしたかのように、前カレがニヤニヤしながら言いました。

「加奈子、今、こんな地味なブサメン、いやだなあって思ってるだろ？」

あたしは慌てて首を左右にぶんぶんと振りながら、

「そ、そんなこと思ってないって！　ただ、ちょっとパッとしないなあ……って」

でも結局そんな失礼な物言いをしてしまい、前カレの失笑を買いました。俊太さんはといえば、居心地悪そうな笑みを浮かべながら、横に立っています。

すると、前カレがこんなおかしなことを言いだしました。

「はいはい、加奈子のイケメン好きくらい、もちろん承知の上さ。さあおい、俊太！　おまえの本当のイケメンっぷりを見せてやれよ！　ほら！」

彼の言う意味がわからず、キョトンとするばかりのあたしでしたが、次の俊太さんの行動に思わず「え？」と思いました。

なんと、まず上半身裸になった彼は、続いて下半身も脱いでいき……すると続いて現れた光景に、あたしは目が釘付けになってしまいました。

彼の股間で存在を主張する男性器は、これまであたしが見てきたどれよりも美しいフォルムをしていて……特にその亀頭の描くなめらかなカーブのラインときたら、まるで高名な彫刻家が手掛けた作品のようでした。おまけに鮮やかなピンク色をした亀頭を中心に全体的な色ツヤもよく、陰毛も控えめな量で行儀よくその周辺に納まって、思わず見とれてしまうほどのたたずまいだったんです。

「そう、俊太は顔はそれほどでもないけど、そのチ○ポは超イケメンなんだ。あ、違う、それを言うなら『イケチン』か？　ははははっ」

自分のギャグに声を出して笑う前カレでしたが、あたしはもうそんなの眼中になく、気が付くと俊太さんの前にひざまずき、そのイケチンをうっとりと愛でるように咥え、舐めしゃぶっていました。

「ああ、なんてステキなオチン○ン……こんな素晴らしいの生まれて初めてよ！　早く、早くあたしの中に入ってきて、奥まで突きまくってえっ！」

そう言って昂りまくるあたしの言葉に煽られるかのように、ソレはムクムク、グングンと固く大きくみなぎっていって、さっきまでの平常時の何倍もの迫力と美しさをたたえて、ついにMAX状態まで屹立したようでした。

あたしはまるでそれを神々しいものでも見るようなまぶしさで見上げつつ、俊太さんの手を引いて、さっきまで前カレとくんずほぐれつもつれ合っていたベッドの中へと迎え入れました。その様子を前カレはニコニコしながら見ています。

そしてあたしは大きく股間を開いて俊太さんを導き入れました。

気のせいか、イケチンはその挿入感もブサチン（笑）に比べて何倍もなめらかで心地いいようで、ニュルニュルッ、ヌッチュ、ヌッチュ、ジュププ、ヌプププ……と、天にも昇るようなエクスタシーがアソコいっぱいに満ちて、あたしはそのモノを胎内で咥え込んだまま、二度、三度……いや、四度、五度と際限なくイキ果ててしまったんです。

「あ、ああっ、はぁっ……も、もうだめぇっ……あぁぁぁんっ……！」

「あ、あうう……加奈子さんっ、ぼ、ぼくもっ……！」

とうとう俊太さんも、イク寸前で抜いたオチン◯ンから盛大にザーメンを飛ばし、あたしのお腹の上をドロドロに濡れ散らかしたのでした。

その様子を見ながら、前カレがさも嬉しそうに言いました。

「ほらね、加奈子好みのサイコーのイケメンだったろ？　あ、わりいわりい、イケチンな。まあ二人とも、これからよろしくやってくれよ、な？」

■彼は太筆を巧みに操って毛先をクネクネ、モフモフと乳首に妖しくからませ……

書道教室の生徒の巧みな筆づかいに淫らに翻弄されて

投稿者 美樹本優亜(仮名)/25歳/書道教室手伝い

もともと大人しい性格で、スポーツや派手なことも苦手だった私が好きになったのは書道でした。

私が小学校の頃、何か習い事をさせたいと考えた母が、たまたま近所にあったお習字塾に通わせたところ、すっかり夢中になってしまい、それからは中高での部活も書道部に属し、大学にはそういう活動をする場がなかったので、高校のときの書道部の顧問だった先生の紹介で、ある一人の書道家の男性を紹介してもらい……彼が開いていた書道教室で子供たちを指導するアルバイトをさせてもらいながら、自分でも修業していました。

そしてその間に、私より一回り年上のその書道家の男性に求愛され、大学卒業と同時に彼と結婚。その後は書道教室で夫の彼を補佐する形で、正式に教室の運営に携わることになったのです。

このように私は書道を、夫を心より愛していましたので、その暮らしに十分満足しながら日々を送っていたはずなのですが、ある日まさかそこに、とんでもないほころびが生じようとは、夢にも思いませんでした。

その日は土曜日で、社会人が対象の教室の日でしたが、あいにく夫がインフルエンザに罹って高熱を出してしまい、急遽教室のＬＩＮＥで生徒さんたちにその旨と、教室の臨時休講を伝えました。

それでホッと一安心していたところ、なんと一人の生徒さんだけ、スマホが故障中ということで情報が伝わらず、いつもの時間にやって来てしまったのです。よりによって、いつも片道一時間半の行程をかけて通ってくれている人でした。

さすがにこのまま引き返してもらうのは気の毒すぎると思った私は、病床の夫に許可をとり、私一人でその人の指導に当たることにしたのです。

その生徒さんは、北本さんという三十一歳の男性でした。なかなか筋がよく、これまでも何度かコンクールに入賞しているような人で、私もさらに上を目指してもらうべく、かなり熱心に指導していました。

教室は小さな雑居ビルの１フロアを借りて運営しているのですが、さすがに私と北本さんの二人だけだと、いやにだだっ広く、寂しく感じました。

「今日はなんかご無理言っちゃったみたいで、すみません……」

北本さんが申し訳なさそうに言うので、私は慌てて頭を上げさせました。

「とんでもない！　急にインフルなんかになっちゃった先生が悪いんです……ほんと、間が悪いですよね～？　どうぞお気になさらず、さ、今日もがんばっていきましょうね」

私は今日の課題を与えると、彼が机の上の半紙に向かって筆を走らせていく様子を真剣に見守りました。そして時折、書き上げた習作に朱を入れつつ、注意・修正指導を伝えていきます。

そうやって、一時間ほども経った頃だったでしょうか。

私は彼の斜め後ろに立ってその習作を見ながら、自分の筆で朱を入れるべく手を机の上に伸ばしました。と、そのとき思いがけないことが起こりました。

北本さんがいきなり、筆を持った私の手首を握ってきたのです。

「えっ！　き、北本さん、何するんですか……？」

うろたえた私がそう言いながら手を引こうとしても、彼は思いのほか強い力で離してはくれず、それどころかそのまま立ち上がると、私の体をグイグイ押してきて、とうとう壁際まで押しやられてしまいました。

「……き、北本……さん……？」

今や私は得体のしれない恐怖におののいてしまい、彼の目を窺うようにそう訊ねたのですが、次の瞬間、そう言った私の口は彼の唇でふさがれてしまいました。

「……んんっ、んぐ、ううう……んうぅ……！」

今や彼は、壁ドン状態で私の両腕をしっかりと締めあげるようにして押さえつけ、私は身動きできないままに、ただひたすら唇を吸われ、舌をからめねぶられ……最初はもちろんあった抵抗心と嫌悪感でしたが、そんなふうにされるうちに大量の唾液といっしょに徐々に吸い出されていってしまったようで……私はすっかり脱力し、放心状態のようになってしまいました。

すると、そんな私の状態を見切ったかのように、彼がお互いの唇の間に唾液の糸をツツーと引かせながら、ようやく唇を離して言いました。

「いきなりこんなことして、すみません……でも僕、ずっと奥さん先生（教室で私は生徒さん皆からこう呼ばれていました）のことが好きで……今日こんな偶然で二人きりになってしまって、なんだかもう抑えが利かなくなっちゃって……」

同時に私が着ていたカーディガンの前ボタンを外し、その下のダンガリーシャツの前を開けていきながら、言葉を続け、

「……ああ、やっぱり雪のように白くて美しい肌だ……たまらないなあ……」

とうとう前を完全にはだけ、私のブラを取ってしまいました。そしてこんなことを言ってきました。

「あの、もしイヤじゃなければ、僕が前から奥さん先生としたかったこと、させてもらってもいいですか?」

私は何のことだろうと訝しみながらも、もう心身は完全に彼に制圧されてしまっている状態で……いとも簡単に頷いていました。

「よかった、嬉しいなあ。これ、うちの妻とやってもあまり意味はなくて……奥さん先生とやるからこそ、すごい興奮すると思うんですよねえ」

彼は嬉しそうにそう言うと、次に冷たい床に自分の着てきたコートを敷き、その上に私の体を横たえました。そしてさらに私のスカートもパンストも脱がしてしまうと、毛先が五センチはあろうかという太筆を持ち出してきました。

「これ、僕の秘蔵の高給羊毛筆、五万円もしたんですよ。この柔らかで繊細な筆で、前から奥さん先生のカラダに僕の作品を書いてみたかったんだ。あ、もちろん、墨汁なんか使いませんけどね」

そしてそんな突拍子もないことを言いだしたかと思うと、そのふんわりとした筆先を、まず私の首すじに沿って這わせてきました。えも言われぬ感触が鎖骨から胸元へと下りてきて、乳房周辺のラインに沿って円を描くように這い回り、徐々に中心の乳首のほうへと近づいてくると、じわじわと快感への期待が高まっていきます。私はいつの間にか心中で「はやく、はやく！」と、その瞬間を熱望してしまっていましたが、それはなかなか来てくれず……焦らすように乳首の周辺を這い回るだけで、肝心の中心には触れてくれません。私はたまらず口に出して懇願してしまっていました。

「あ、ああ……お願い、早く乳首に触れてぇ……おかしくなっちゃいそう！」

するとと北本さんはニヤリと笑うと、ようやくその私の熱望に応え、太筆を巧みに操って毛先をクネクネ、モフモフと乳首に妖しくからませ、絶妙のタッチで責め立ててきてくれました。

「あはっ！　あん、あぁぁ……はぁん、あ、あうぅ……」

先端から注がれる快感に震え、乳首がびんびんに勃起してしまっているのが自分でもわかります。彼はそうやってさんざんもてあそんだあと、続いて筆先を下半身のほうへと滑らせていって……ここでもまた、まずはおへその周囲や、腰のライン、太腿、鼠蹊部といった、気持ちいいことはいいけど、ズバリ直接アソコの快感には及ばない微妙な部分を、さんざん焦らされながら責められ、いよいよ私はおかしくなってしまいそうでした。

そしてようやく太筆がアソコをとらえ、ヒクつくクリトリスをもてあそび、肉ひだをこじ開けるように責め苛んでくると、「あっ、あああ〜〜〜!」と、私は涙を流しながら悶え喘いでしまったのです。

そのあと、満を持した北本さんが裸になり、彼の恐ろしいほどみなぎったペニスが私のアソコを貫いてきて激しく抜き差ししましたが、正直、焦らされまくった太筆責めのほうが気持ちよかったような気すらします。

その日以降、私は、元々性に対して淡泊な夫との夫婦生活での不満が溜まってくると、北本さんと密かに逢い、彼のいい意味で粘着質で執拗な性戯に身をまかせ、己の欲望を満たすようになりました。

彼の筆ワザがもたらす快感を愉しんでいるうちに、書道の意外な奥深さまで感じとれるようになった……と言ったら、さすがに言いすぎかしら?

■これってやっぱり私が悪いの？ 恥ずかし気もなくノーブラで訪ねてきて……

落ちた洗濯物が縁でマンション内不倫に悶え乱れて

投稿者　倉本和香（仮名）／34歳／専業主婦

爽やかな秋晴れの日曜日、夫と小学生の息子はサッカー観戦に出かけ、一人残った私は家事を片付けながら自宅マンションでお留守番。ちょっとつまんないなあと思いながらも、夫が夕飯用に美味しいお弁当を買ってきてくれるというので、それを楽しみに帰りを待つことに。

そのうち、ベランダに干した洗濯物もすっかり乾いたようなので取り込み始めると、あっと思った瞬間にはもう遅く、一枚の洗濯物が私の手を離れてヒラヒラと宙を舞い、慌てて階下を見下ろすと、うちより二階下のお宅のベランダに舞い落ちてしまった。しかもよりによって、私のお気に入りのブラジャー……！

私は「あちゃーっ」と思いながら、とにかく放っておくわけにもいかないし、慌てて部屋を出ると階段を駆け下りて、そのお宅へと向かった。

二〇三号室のそこは向井さんといい、たしかうちと同じくらいの年代の夫婦とその子供（娘さん）一人の三人家族だったはず。これまで数回、マンションの自治会の集まりや催しで会っているので顔は見知っていたけど、ほとんど付き合いらしい付き合いはない。ご主人のほうは、なかなかイケてる感じの印象があったけど……。

玄関のインターフォンで名乗り、来意を告げると、意外なことに出てきたのはそのご主人のほうだった。うちとは逆に奥さんと娘さんが外出中で、ご主人が一人で留守番しているということだった。

「ははは、それは災難でしたね。ちょっと中に入って待っててください。今、ベランダ行って取ってきますから」

ご主人は笑いながらそう快く言ってくれて、でも私は自分の下着を彼に取ってきてもらうことに若干の抵抗があったものの、まさかこっちから上がり込んで取りに行くわけにもいかない。言われたとおり玄関ドアを閉めて、三和土《たたき》のところで待つしかなかった。

するとほんの一、二分後、二万円も奮発した、あのお気に入りのパープルカラーのブラジャーを手にご主人が戻ってきて……「うわっ、恥ずかすぅぃぃ～～」と、私は自分で顔が赤らむのを感じながら、

「ほんとすみません、ありがとうございます！　これからはこんなことのないよう、

気をつけますので……！」

そう言って手を差し出した。

でも、その手にブラジャーを渡してくれることなく、ご主人はこう言った。

「すてきなブラジャーですね。これを身に着けてる奥さんの姿が見たいな〜」

「……えっ？」

にわかには彼の言った言葉の意味が理解できず、訊き返す私。すると、

「どうです？　こんないい天気の日に、留守番を押しつけられた者同士、ちょっと楽しみませんか？　実は僕、前から奥さんのこと、魅力的な人だなあって思ってたんですよ」

……ま、まさかのマンション内ナンパ！

「い、いえ、その……私、いま忙しくて……あの、また今度……っ！」

と、思わずちょっとズレた返事をしてしまう私に対して、彼はにこやかな笑みを浮かべながら、こんなことを……。

「またまたあ。ほんとは奥さんだってこうなることを期待して、ここに来てくれたんでしょ？　いや、なんならブラをうちのベランダに落としたのも、わざとなんじゃないですか？」

「そ、そんなことないですっ……！」

慌てて否定する私に対して彼は、

「だってほら……奥さん、ノーブラですよ。これって僕のこと、誘ってますよね？」

そう言われて私は愕然として、思わず自分の姿を見下ろす。すると確かに部屋着のロンTの左右の胸部分には、布地を押し上げるようにはっきりと二つの乳首のポッチが……そうだった！　私ったらそもそもノーブラの超リラックス状態だったんだ！

それをこのドタバタですっかり忘れて下りてきちゃったものだから……。

と思ったものの、もうあとの祭り。

すぐ眼前に迫っていた彼はおもむろに私にキスし、ブラを片手に私を抱きすくめてきた。そしてブラを持っていないほうの手をロンTの内側に滑り込ませ、私の背中をサスサスと官能的に撫で回してきて……！

ああ、これってやっぱり私が悪いの？　ブラを落とした上に恥ずかし気もなくノーブラで訪ねてきて……じ、実は私の逆ナンパ⁉

そんなこんなが頭の中でグルグルしているうちに、ご主人は私のロンTを頭から脱がしてしまい、私の胸は剝き出し状態に。

「ふふふ、大きくて柔らかくて、すてきなオッパイですね……ちょっと濃いめの色のチェリーも美味しそうだ。いただきます」

そして乳房をムチュムチュと揉みしだきながら、乳首をレロレロ、チュウチュウと舐め吸ってきて……私はその快感に恍惚と酔い、たまらず足がガクガクと震えてきてしまって。

そうするうちに彼は私を一つの部屋に連れていき……明らかに彼ら夫婦の寝室だった。そこへ私を導くと、ジーンズとショーツも脱がせてきて、とうとう私は全裸に。実に流れるようにスムーズなプレイボーイの手際だった。

そして彼のほうも着ていた部屋着を脱ぎ、適度に引き締まった裸体をあらわに見せつけてきた。すでに勃起しているペニスは、うちの夫に太さでは及ばないけど、その長さは思わずため息ものだった。

彼に促されると、私はさしたる抵抗もなくその肉棒を咥え込んでいた。亀頭をたっぷりとしゃぶり回し、そのひときわ長い竿をしごきながら舐め啜ってあげて。

「ああ、とてもいいですよ……じゃあ奥さんのも……」

それからシックスナインに移行した私たちは、無我夢中でお互いの性器をむさぼり合って、私はその時点ですでに一回イッてしまった。

その様を嬉しそうに見ていた彼だったけど、そこでやにわに例のブラジャーを手に

すると、私の胸に装着してくれた。そしてしげしげと眺めながら、

「うん、ステキだ。奥さん、最高にキレイですよ。それじゃあその最高の艶姿でフィニッシュといきましょうか」

と言い、仰向けに横たわると、私を自分の上にまたがらせた。私は彼のことを見下ろしながら騎乗位で挿入される格好となり、その突き上げに合わせて腰を跳ね上げ、激しく振り乱した。あの長い竿がズンズンと奥のほうまで掘り進んできて、夫とのセックスでは味わったことのない深い快感に悶え喘いだ。

「あ、ああっ！　ダメ……もうイク、イッちゃう〜〜〜〜！」

「う、ううっ、奥さんっ……！」

私が果てると同時に、寸でのところでペニスを引き抜いた彼は、自らのお腹のほうに向けてビュルビュルと精子を乱れ飛ばした。

その日以来、もう三ヶ月が経つけど、彼とは一度も顔を合わせてはいない。でもそのときのことを思い出すと、今でもアソコの奥深くがたまらなく疼いてしまう私だった。

■彼女はたわわな肉房で僕のペニスをパイズリしながら、亀頭をしゃぶって……

公衆トイレに潜む美魔女に舐めしゃぶり尽くされた夜

投稿者　村上直哉（仮名）／36歳／会社員

これ、不倫っていうのかなあ……？　でも、僕はもちろん妻子持ちだし、今回縁のあった向こうさんもダンナがいるって言ってたから、不倫体験ってことで書かせてもらいますね。

あれはちょうど一ヶ月ほど前の金曜の夜の十一時近く。職場の同僚たちとの飲み会帰りの僕は、電車で最寄り駅に着き、そこから徒歩十五分ぐらいのところにある自宅に向かって歩きだしたんですが、途中でどうしようもなく便意を覚えちゃったんです。うわ、こりゃヤバイ！　と思ったものの、時間が時間だけに帰り道周辺にあるトイレが使えそうなお店は軒並み閉まってるし、まさか野グソってわけにもいかないしでチョー焦ってると、そういえばと思い出したのがこの近くにある小さな公園……そこに古くて汚いけど、公衆トイレがあったはず！

で、僕はヤバくなる一方の便意をこらえながら、急ぎ足で歩くこと約二分、なんとかそこに辿り着き、ギリギリセーフで用を足すことができたんです。普段ティッシュとか持ち歩かないけど、昼間、偶然路上で何かの宣伝用ポケットティッシュを受け取ってたのもラッキーでした。それでお尻を拭き、水を流し、ようやく「はぁ～～～……」と深い安堵のため息を吐き出していました。

と、そこへいきなり、ドアにコンコンとノックの音がして、僕はチョーびびってしまいました。すわオバケ？　物盗り？　異常者？（これはある意味正解でしたが……）ヤバイ想像が次々と頭の中を駆け巡りましたが、いやちょっと待てよと。仮にもここは個室が一つしかない公衆トイレ……自分と同じように急な便意で困っている人が来たとしても不思議じゃないよな……そう思い直して、慌てて「はーい、今出ますからー」と応えてドアを開けたんです。

するとそこにいたのは、年の頃は四十少し手前くらい？　服の上からでもわかる明らかに豊満な胸を湛えた、いかにも色っぽい、芸能人にたとえるなら女優の木村〇江さんと似た雰囲気の和風美人でした。

そのとんでもない場違いさに思わず目が点になり、固まってしまった僕に対して、彼女はさらにとんでもないことを言ってきたんです。

「あの、いきなりすみません。お願いがあるんですけど……できればアナタのオチン〇ン、しゃぶらせてもらえませんか？」

「……はあ？」

あまりにも常軌を逸した懇願に、僕は思わず素っ頓狂な声をあげてしまいました。

謎の美人マダムは慌てて言葉を継いできます。

「ごめんなさい、こんなお願い、ビックリしますよね？　でも、自分でもどうにもしようがないんです……わたし、月に一回くらいの頻度で、夫以外の男性のオチン〇ンをしゃぶりたくてたまらなくなっちゃって……こうして深夜の公衆トイレに潜んで、目ぼしい相手を物色してるんです」

それは、いかにも上品そうな美人の彼女にあるまじきヘンタイ告白で、僕はどう応じていいものやら、ますます困惑してしまいます。でも……、

「それで、さっきあなたを一目見た瞬間、ああ、ステキ！　絶対にこの人のオチン〇ンをしゃぶりたいっ！　……って思って……お願いです！」

と、色っぽくうるんだ視線で上目づかいに見つめられ、ザックリと大きく開いたニットのムッチリとした胸の谷間を見せつけられると、どうしようもなく股間が熱くなってきてしまう自分を否定できませんでした。

ええい、くそっ！　たとえ彼女が言ってることがウソで、ほんとは病気持ちの激ヤ

バキチ○イ女だとしても……かまうもんか！

抑えきれない欲望の昂りの前に、普段は冷静な僕の理性も常識も恐怖心も……ぜんぶ木っ端みじんに吹っ飛んでしまったんです。

僕は彼女の腕を摑んで個室内に引き込むと、鍵を締めて言っていました。

「わかりました、いいですよ。思う存分気の済むまで、僕のチ○ポ、しゃぶってください！」

「本当に⁉ ありがとうございます！」

彼女は嬉々としてそう応えると、穿いていたスカートが汚れるのもかまわず僕の前にひざまずき、カチャカチャとベルトの金具を外し、下着ごと僕のスーツズボンを足首まで引き下ろしました。当然僕のズボンも汚れますが、こっちももうそんなの、どうでもよくなっていました。

事前の昂りで、もう七割がた勃起していた僕のペニスを手にとると、彼女は恍惚とした表情と声音で言いました。

「あ、ああ……想像どおりステキなオチン○ン……いただきます！」

そして、えも言われぬ温もりでニュルリと僕の亀頭を口内に呑み込むと、レロレロ、クチュクチュと、まるで子供が大きな飴玉を無心で味わうかのように、熱心にねぶり回してきました。敏感なヘリの部分を舌がヌルヌルと這いずり、恥ずかしい尿道口をすぼめた舌先がクニュクニュとほじくりえぐってきて……「ん、んんっ……くふう！」僕はそのあまりに甘美な感触に、たまらず呻いてしまいました。あっという間にチ○ポはギンギンのフル勃起状態です。

「ああ、おいしい……とってもおいひいわぁ……んぶじゅるうぅぅ……！」

彼女のおしゃぶり具合はますます熱を帯びていき、鉄棒のようにイキりみなぎっている肉竿を激しく手コキしながら、喉奥まで深く呑み込んだ亀頭をジュップ、ヌップ、ズップ、ジュブブと激しく上下にピストン・バキュームして……その問答無用の快感に、僕の精巣はぐらぐらと熱くたぎり立ち、たまらずザーメンがせり上がってきてしまい……！

「あ、あうっ……も、もう、で、出るっ……！」

「いやっ！　まだダメ！　もっともっと固いのしゃぶらせてっ！」

彼女はそこでいったん責めを弱めると、今度は僕のYシャツのボタンを外して前をはだけ、両手を上に伸ばして左右の乳首をいじくりながら、玉袋を咥え込んでグジュグジュ、コロコロと口内で甘やかにもてあそんできました。

「はぁ、あ……あうん……ふぅ……」

「あはぁん……タマタマもおいひぃ～……はぁうぅ……」

僕に迫るクライマックスを察して、彼女のほうもいよいよ官能エスカレートという感じで、自ら着ているニットをグイッと引き下ろすと、ノーブラのバストがブルルンと弾けながら現れて……なんとそのたわわな肉房で僕のペニスを挟んでパイズリしながら、亀頭をしゃぶり吸ってきたんです。おかげでそこはもう、僕の先走り汁と彼女の唾液にまみれてダラダラのネチョネチョです。

いやもう、さすがにこの攻撃には耐えられません。

僕のペニスはドクドクと激しく脈打ち、グイグイと勢いよくザーメンがせり上がってきて……最後にビクビクッと痙攣するようにわななくと、もの凄い勢いで大量のザーメンを放出し、彼女の顔と乳房を白濁色まみれに汚したのでした。

彼女は僕の汚れたペニスをペロペロときれいにお掃除フェラしてくれると、満面の笑みを浮かべて、

「とってもすてきな時間をどうもありがとう。縁があったらまた会いましょうね」

と言って、軽やかに去っていったんです。

第二章

今年最高に燃えた不倫体験

■そして続いて、絶対に指なんかじゃない、もっと硬くて大きな力感が尻肉に……

通勤満員電車の痴漢プレイで至高の癒しを味わって

投稿者 増村梨花（仮名）／30歳／公務員

最初にその人のことを意識したのは、半年ほど前のことだったでしょうか。

その日の朝、例によって大した会話を交わすこともなく夫を会社に送り出したあと、私も勤め先の県庁に登庁すべく、自転車で最寄り駅へと向かったのですが、途中道路工事による通行止めのおかげで迂回せざるを得ず、いつもより一本遅い電車に乗るはめになってしまいました。

もちろん、それで定時に遅刻するようなギリギリ感ではなかったのですが、根が真面目な私は内心焦ってしまったのか、ホームから電車に乗り込んだ瞬間、込み合った車内で手に持っていたスマホを落としてしまいました。「あっ！」と思ったものの、ドアが閉まり電車が動き出すと、そう簡単に屈んでスマホを拾うこともできず、困ってあたふたとするばかり。

でもそこで、すぐ横にいた一人のスーツを着た男性が、「ちょっとすみませーん！」

と言うなりサッと素早く床に屈み込んで、私のスマホを拾ってくれたんです。そして「はい、どうぞ」と言って、微笑みながら手渡してくれて。

「あ、すみません……ありがとうございます！」

私はそうお礼を言いながら受け取り、そのあとは特段何の会話もなく彼は二つあとの駅で降車していったのですが、私はそのやさしげな声と、爽やかで魅力的な笑顔が忘れられなくなってしまったんです。

今年で結婚四年目。最近ではすっかり夫婦仲も冷えきり、無表情な顔しか見せてくれない夫とは大違い……。

そしてその翌日から私は、おそらく自分と同年代とおぼしき彼の姿が一目見たくて、わざと一本遅い電車に乗るようになりました。もちろん、もっと会話してより深くお近づきになりたいなんて大それたことを思っていたわけではなく、遠目からでいい、少しでもあの笑顔に触れて癒されたい……ただそんな奥ゆかしい想いだけで……。

そんなふうにして、会える日もあれば会えない日もあって……でも一ヶ月ほどが過ぎる頃になると、彼のほうも『あ、あのときの……』という感じで私の存在を思い出し、認識してくれるようになり、車内で目が合うと密かに微笑みを交わし合う間柄になりました。私はもう嬉しくて、嬉しくて……。

これまでは苦痛でしかなかった、朝の混み合った通勤電車に乗ることを、毎日心待ちにするようになっていました。

すると、やっぱり人って調子に乗るものなんですね。

当初は遠くから一目、彼のことを見るだけで満足していたのが、だんだん、もっと近くで、もっとたくさん、彼といっしょの空間にいたいという想いが日に日に強くなっていって……そしてとうとうある日、気が付くと、私はあのスマホを拾ってもらった最初の出会いの日以来、ほぼ三ヶ月ぶりに彼のすぐ隣りで電車に乗り合わせていたんです。

ギュウギュウ詰めの車内で、お互いにぴったりと体を密着させて。

最初は、私の背後に彼が立つ形でした。

あの最初の出会いの日を最後に、お互いに言葉を交わすことはありませんでしたが、それに反して双方の想いはより近く、親密に深まっているように感じられました。私の背後にピッタリと密着した、彼の胸の鼓動の高鳴りがドクドクと伝わってくるようで、それはとてつもなく熱い体温を伴っていました。

ハァ、ハァ、ハァ、ハァ……。

そして彼の息づかいが荒く、速くなってきたかと思うと、私のスーツのスカートの上からお尻に触れてくる感触が……最初、丸い双丘を撫で回していたのが、そのうち割れ目の縦のラインに沿って指を上下に這わせてきて。まずはスリスリと軽い羽根のようなタッチだったのが、そのうちスカートの生地を押し込むようにグリグリと割れ目のミゾをえぐってきて……！

あっ、はぁっ……んあぁ……あうん……！

声に出せない甘い喘ぎが、心の中で淫らに反響します。

そして続いて、絶対に指なんかじゃない、もっと硬くて大きな力感が尻肉に押し当てられてきました。さらにそれが割れ目のミゾをより深くえぐりながら上下にうごめく感触は、指先がもたらすインパクトなんかの比じゃありません。快感は見る見る下半身全体へと広がっていき、私の陰部ももう信じられないくらい熱い粘液で沸き立っていました。

ハァ、ハァ、ハァ、ハァハァハァハァハァハァ……！

そうやってますます息づかいを激しくしながら、彼の両手は前のほうへ回り込んできました。そして私のスーツの上着を掻き分け、器用にブラウスのボタンを外すと、下乳のほうからブラをこじ開けるようにして指を潜り込ませてきて。

あ、ああ……こんなところで私のオッパイさらけ出されちゃってる！

実際には、立錐の余地なく込み合う車内で、ほとんどの乗客が手元のスマホに夢中という状況で、誰も私たちのことなど見てはいないのでしょうが、私の羞恥心は一気に燃え上がり、それはさらに信じられないほどの官能の昂りを煽り立ててきました。

彼は微妙に腰を振って、クイクイと私の下半身を刺激しながら、両の乳房を揉み、乳首をコリコリと摘まみこねてきて……！

あ、ああん……はぁっ……も、もうダメッ！

私は何だかたまらなくなってしまい、周囲の人の迷惑などなんのその、体をグイグイと動かしながら回転させ、ついに彼と正面から向き合って密着する体勢になりました。当然、彼の固く大きくこわばったスーツの股間部分は今、私の真下、おへそのあたりにあります。

私はうっとりと彼の顔を少し下から見上げながら、その股間に手をやると、ズボンのチャックを下ろし、中から勃起したペニスを引きずり出しました。そして、その先端から滲み出している透明な粘液を全体にのばしながら、ニチュ、ヌチュ、クチュ、ズリュリュ……と上下にしごいていって。

ハァ、ハァ、ンハッ……ハァア、アッ……ハァハァハァ……！

彼のほうも一段と息づかいを荒げながら、私のスカートの中に手を突っ込むと、パンストをこじ開けて直接濡れた股間に触れてきて！

あ、ああん、あはぁっ……はぁん……あぁっ……！

ハァハァハァ……ハッ、ハァッ……！

お互いを密かに淫らに愛撫し合いながら、声にならない喘ぎと呻きを無理やり呑み込んで……それはほんの二駅、時間にしてわずか十分足らずの間の逢瀬でしたが、私は最高の興奮と快感、そして癒しを得ることができたのでした。

あとで彼も既婚者であることを知り、私たちの関係性としては『ダブル不倫』ということになるのでしょうが、未だに私は彼の名前を知りません。

ただ、今でも月に三、四回の頻度で朝の満員の通勤電車の中で体を触れ合わせることで、私は息苦しい結婚生活を耐え忍ぶための元気をもらっているんです。

■そして彼はまるで赤ん坊のように激しく一心不乱に私の乳房を揉みまさぐり……

知的でダンディな義兄がケダモノに変わり私を姦淫した日

投稿者 今田さとみ（仮名）／27歳／パート

まさか、あの知的でダンディなお義兄さんが、私にあんなケダモノのような欲望を抱いていているなんて思いもしなかった。

それは、暮れもだいぶ押し迫ってきた十二月のある日曜日。

夫は休日出勤で朝から不在で、パートが休みだった私は午前中のうちに洗濯や掃除などの家事を済ませ、ひとりテレビを見ながら、冷食のパスタとサラダという手軽な昼食をとっているところだったが、そこへ誰かの来訪を告げる玄関の呼び鈴の音が。

私は口内のパスタをウーロン茶で飲み下すと、パタパタと玄関へ向かい訪問者を確認し、ちょっと驚いてしまった。

それは私の夫の四つ上の兄・清彦さん（三十三歳）だったのだ。

なぜ驚いたかというと、これまで清彦さんが私たち夫婦の自宅マンションを訪ねてきたことなど、一度もなかったから。それが何でいきなり……？

「さとみさん、ごめんね、いきなり。実は実家の母が、畑で採れた白菜をどうしても持っていってやれって言って聞かないものだから……とり急ぎ達彦（夫の名前）に連絡したら、さとみがいるから持ってきてもらって大丈夫だって。でも、さとみさんの携帯がつながらなくて……」

私はハッとした。そういえば昨日の夜、スマホの充電するのを忘れて電池切れしちゃってたかもしれない。

「こちらこそすみません、お手をわずらわせちゃって。白菜、今が旬ですものね。すごく嬉しいです」

私はそう言いながら、とりあえず清彦さんに家に上がってもらった。

「あ、お食事中だったんだね。ほんと、重ねて申し訳ない」

清彦さんは、ダイニングテーブルの上の私の食べかけのパスタを見てそう言いながら、両手に提げた白菜の入ったビニール袋を室内に運び入れてくれた。

そう、体育会系でゴリマッチョな夫とは真逆で、大学で准教授をしている清彦さんは知的で物静かな雰囲気で、気配りも利く素敵なダンディといったタイプ。さぞ女子学生にも人気があるんだろうなーというかんじだった。

そういえばお義母さん、お義兄さんが全然結婚しそうにないのを、ついこの間も電話でグチってたなあ。まあ、モテすぎて相手を絞れないんじゃないですかって答えておいたけど、あながちそれもお世辞や冗談じゃなかったりする。私としても内心、義兄の夫にはない魅力にひかれていたのかもしれない。

私は慌てて食べかけのパスタ皿を（あとで温め直して残りを食べようなんて思いながら）冷蔵庫に突っ込むと、清彦さんにダイニングテーブルに座ってもらって、熱いコーヒーをいれて出してあげた。

……が、その対面で私もコーヒーを口にするのだが……話が全然続かない！

当たり障りのない会話ネタを出し尽くした私は、困った挙句に、とうとう切り札とも言える例のカードを切ってしまった。

「そういえば、お義兄さんは結婚なさらないんですか？　ひょっとして引く手あまたで相手を選びきれないとか……？」

ホンネを交ぜつつ冗談めかして言った私だったのだけど、それがまさか衝撃の事態を巻き起こしてしまうとは………！

私の問いかけに対して、しばらく無言でコーヒースプーンを掻き混ぜてた清彦さんだったけど、いきなり目線を私に据えてこう言った。

「さとみさん、ぜんぶ、あなたが悪いんだ」

「……えっ？　今なんて……？」

にわかには言葉の意味がわからず、私はそう訊き返したのだけど、そのあとはもう怒濤だった。

「さとみさん！　ずっと前から好きだったんだ！」

清彦さんはそう叫ぶように言うと、おもむろに席を立ってテーブルを回り込み、私を抱きしめてきた。そしてそのまま全体重をかけてくるものだから、私たちは椅子ごと床に倒れ込んでしまった。

「い、いやっ……お義兄さん、いったい何を……んぐっ、うふぅ……！」

思わず抵抗の声をあげようとした私の口は、彼の唇でふさがれ、言葉にならない、やみくもな呻きしか出てこなかった。

「んんっ、んぐう……うぐっ、ううう……んぐ、ぐふ、うぶぶ……」

その責め立ては激しくなる一方で、舌をからませながら、唾液どころか全身の体液を啜り上げんばかりの勢いで私の口内はバキュームされ、なかば酸欠状態の中で私の意識は朦朧としてきてしまった。さらにそこに私のカラダを荒々しくまさぐり回す、彼の手による暴力的な刺激が加わってくるものだから、淫らに蹂躙される感覚の中で私はわけがわからなくなってしまって……！

「……ぷはぁっ！　ああ、さとみさん、どんな女だってあなたの前では色褪せてしまう……僕にはあなた以上の女はいないんだ！」

ようやく彼が長く激しい接吻をやめ、私の服を脱がし始めたときには、私はもう心身ともにぐったりと脱力しきっていて……もうとても抵抗できるような状態ではなくなっていた。

カーディガンとシャツ、それにジーンズをまたたく間に脱がされ、ブラジャーとショーツを剝ぎ取られながら、私はすっかり酩酊状態の頭で考えていた。清彦さんは弟の妻である私に横恋慕するあまり、他の女など眼中になく、結婚する気が起きないっていうこと？　私のせいでお義母さんを悲しませてるってこと？　それってみんな私が悪いの……？

そんなグルグルする意識の中から現実に戻ったとき、私は完全に全裸にされていて、目の前にはそれを見下ろしてくる、やはり全裸の清彦さんの姿があった。

「ああ、きれいだ、さとみさん……最高の女だ！」

清彦さんは感極まったような声でそう言いながら、私に覆いかぶさってきた。いよいよ彼の素肌が私の素肌に完全に密着し、その思いのほか熱く湿り気を帯びた肌感が私の全身を包み込む。そして彼はまるで赤ん坊のように激しく一心不乱に私の乳房を揉みまさぐり、乳首に吸いついて、本当に空腹のあまり母乳を渇望せんばかりにむさぼり啜ってきた。

「……ああっ、あひっ……お、お義兄さんっ！　い、痛いっ……乳首がちぎれちゃうよおっ！　ああ、あ、ひあああっ！」

そのあまりの苦痛に悶絶する私だったけど、いつしかその刺激にも馴れ、ビリビリとした電気のしびれのような微妙な感覚になってきたかと思うと、続いて体内から湧き起こってきたのは、えも言われぬ快感だった。

そう、結婚生活もある程度落ち着き、今やちょっとなれ合い的になってきてしまった私と夫の関係性とは違って、ひたすら私を一人の女として乞い求める清彦さんの熱い貪欲さはあまりにも鮮烈で、その熱にうかされるかのように私は、どうしようもない性的昂りを覚えてしまったようだった。

「ああ、さとみさんのおっぱい、熟れた水蜜桃のように甘くて美味しい……さあ、今度はこっちの溢れんばかりの果汁を飲み干させておくれ！」

そう言いながら、次に清彦さんは体を下げて私の股間の中心に顔を埋めると、砂漠の中を何日もさまよった挙句にオアシスに辿り着いた獣のように、今や洪水のように分泌しまくっている私の愛液を無我夢中で舐め啜り、ジュルジュル、ゴクゴクと姦飲してきた。

「ひあぁぁっ！　あ、ああっ……お、お義兄さん……お義兄さん。そんなにされたら、わたしもう……たまらなーいっ……！」

「ああっ、さとみさん！　僕ももうっ……！」

そしてそう言って彼が挿入してきた勃起ペニスは、あのマッチョな夫のモノの数倍たくましいというインパクトと驚きに満ちていて……！

私はその予想をはるかに上回る快感に翻弄され、半狂乱にならんばかりの激しさで彼の極上ピストンを胎内奥深くで受け入れ、際限なく悶え喘いでしまった。

「ああっ、お義兄さん……あたし、もうイク……ア、アアアァァッ！」

「さとみさん……奥までいっぱい出すよおぉっ……んくうっ！」

本当にそれは、結婚して以来、最高のエクスタシーだった。

そしてこの日以来、一八〇度イメージが変わってしまった義兄を愛し、私と彼のヒミツの関係は続いている。

■仰向けになった私の顔の上にまたがった志乃さんは、腰をくねらせて身悶えし……

昼下がりの社宅が女同士の淫らな宴の場に変わるとき

投稿者 竹内梨乃（仮名）／24歳／専業主婦

今年の春の人事異動で、東京本社から福岡支社への夫の転勤が決まり、まだ結婚して間もないというのに、私たちは夫婦でそちらへ引っ越すことになりました。

住居は、会社が社宅として借り上げている二階建て一棟全十世帯・2DKのコーポがあるということで、引っ越しがらみのあれこれの手間的にはラクでしたが、気持ち的にはかなり緊張するものがありました。

何と言っても『社宅』です。

新卒入社二年目で、まだまだぺーぺーみたいな夫とその妻である私にとって、他の九世帯の皆さんは完全に先輩であり上司であり、またその奥様たちにしてもしかり……日々の生活において、どんな厳しい上下関係を強いられるのだろうと、それはもう戦々恐々だったのです。

ところがそれは杞憂でした。

新入りにふさわしく、無事一階の真ん中・一〇三号室への引っ越し搬入作業を終えた私と夫は、ヒエラルキーの頂点を課長一家、底辺を係長心得一家とする各戸を一軒一軒挨拶して回ったのですが、皆さんとても感じがよくてやさしそうで、笑顔で出迎えてくれて……そしてなんとその翌週の金曜の晩、近場の居酒屋に皆が集まって私たちの歓迎会を催してくれたのです。

夫の会社でのことはよくわかりませんが、家庭を預かる主婦としては、これから普段の生活でしょっちゅう顔を合わせ、何かと関わることになるだろう奥様連中と、これならうまくやっていけそうと、ホッと胸を撫でおろしました。

ところがその翌週末の日曜日、私のそんな甘い考えは無惨に砕け散りました。

その日、大方のご主人連中は社宅コンペということでゴルフ場へ繰り出し、当然夫も雑用係として駆り出され、社宅にはほぼ奥様連中だけが残される形となったのですが、突然、ボスマダムともいえる課長夫人の志乃さん（三十五歳）から私にＬＩＮＥでお呼びがかかりました。

「実は今日、うちの部屋で社宅内主婦連の定期集会があるのだけど、竹内さんも絶対参加するように」

それは有無を言わせぬ絶対命令でした。

私は慌てて手早く家事を片付けると、指定された午後二時に、棟内で一番日当たりのいい二階角部屋の志乃さん宅を訪ねたのでした。

「いらっしゃい、ご苦労様」

志乃さんにそう言って出迎えられながら室内に上がると、そこには他に三人の奥様方がいました。課長補佐夫人の美鈴さん（三十四歳）、係長夫人のたまきさん（三十歳）、係長心得夫人の聡美さん（二十八歳）です。

てっきり社宅中の奥様方がいるものと思っていた私は、意外な人数の少なさにちょっと拍子抜けしましたが、他の人は法事や子供のスポーツ活動の補佐などやむを得ない事情で不参加とのことでした。まあ、もしも全十人が集まるとなったら、さすがに六畳と四畳半の2DKでは狭すぎるでしょうが。

その六畳の洋間で、先に車座になって座っていた四人の先輩奥様方の端っこにちょこんと座り、さて、定期集会って何するのかしら？　と思っていた私でしたが、突然の思わぬ展開に度肝を抜かれました。

「じゃあ、たまきさんと聡美さん、始めてちょうだい」

志乃さんがそう言うと、「はい」と口をそろえて答え、中では若手奥様の二人が膝で這いずりながら、私のほうににじり寄ってきました。

「えっ、なに？　何ですか？」事態が呑み込めず、うろたえるばかりの私を、背後から聡美さんが、前からたまきさんが、それぞれ挟み討ちするような格好になると、おもむろに聡美さんが両手を前に回して私の左右の胸を鷲掴み、ムニュムニュと揉みしだきながら、うなじに舌を這わせてきました。その熱く湿った唾液のぬめりが、ゾクゾクと私の首筋を焼くようです。

　そして同時にたまきさんが正面から顔を寄せ、唇と唇を重ねてきました。すかさず舌がヌルリと口内に滑り込んできて、私の舌に妖しくからみつくと、ジュルジュルと激しい音をたてながら唾液を啜り上げてきます。

　人って、驚きすぎると思考が止まってしまうものなのですね……もちろん、同性からこんなことをされるのなんて、生まれて初めての私でしたが、一瞬の放心状態の末に完全に抵抗・拒絶するタイミングを逸してしまい……おまけに、先輩奥様たちには決して逆らってはいけないという心の制御装置が働いたせいもあってか、あれよあれよという間に二人の勢いに呑み込まれてしまって！

「……んあっ、あっ……はぁ、あぁ、あう……んくぅ……」

　淫らなサンドイッチ攻撃がもたらす快感に喘いでいるうちに、着ていたニットの前をめくり上げられ、下のシャツのボタンも外され、ブラも取り去られた挙句、たまきさんに直接ナマ乳首を吸われ始めてしまいました。

「ひあっ！　はぁ……んあぁぁっ……！」

もちろん、背後からの聡美さんの乳揉みしだきと、うなじ舐めは続いているままなので、どんどん増幅していく快感に乱れ悶え、私はもう息も絶え絶えという有様です。

「うふふ、だいぶイイ感じに仕上がってきたみたいね。それじゃあ美鈴さん、私たちもそろそろ参戦しましょうか？」

「ええ、そうね、志乃さん。若くて可愛い新入りの子、思いっきり味わっちゃいましょ！」

そんな声のしたほうに目をやると、志乃さんと美鈴さんが服を脱ぎ始めたところでした。見る見る一糸まとわぬ姿になってしまった二人は、その丁寧に手入れされた美ボディを見せつけながら私にむしゃぶりつき、二人がかりで愛撫を始めました。バトンタッチするように、たまきさんと聡美さんが服を脱いでいます。

私も志乃さんと美鈴さんの手で、ついに全裸に剝かれてしまいました。

美鈴さんが私の股間の柔肉に食らいつき、ピチャピチャ、チュパチュパとあられもない音を立てながら愛液を舐め啜ってきます。

「んあぁ、ああっ……ひあっ、はぁっ……あ、あああ～～～～！」

たまらず喉からほとばしり出てしまった私の喜悦の嬌声も、今度は志乃さんが自分の股間を口に押し当ててきたことで封じられてしまいました。

「ああ、そうよぉ……もっと舌を使ってぇ……ああん……！」

仰向けになった私の顔の上にまたがった志乃さんは、腰をくねらせて身悶えし、私もそれに応えようと必死で彼女の柔肉を吸い啜って。

「んぐふっ、うう……じゅるるる……ぴちゃぴちゃ……んぐふぅっ！」

でも、そうやって一心不乱に熱中しているうちに、私の性感も美鈴さんのオーラルプレイによって、どんどん追いつめられていってしまいました。クリトリスが大粒の大豆並みに膨らんでヒクヒクとわななき、濡れ乱れた肉ひだが淫らに打ち震えて、自分でも信じられないくらい大量の愛液が際限なく溢れ出します。

「んぐぐっ……ふう、うぐっ……ぬぐふぅぅ！」

「ああ、竹内さん、あなたももうイキたいのね？　ドロドロにとろけたいのね？　いいわよ、イッても！　無様にイキまくってクジラの潮吹きみたいに愛液まき散らせばいいのよっ！　……んあ、あああぁぁぁ〜〜〜〜っ！」

志乃さんがそんなふうに私の顔の上でイキ果てるや否や、私もついに美鈴さんの口戯によって絶頂に達していました。

そしてその後、すっかり呆けたマグロ状態になってしまった志乃さんと私を尻目に、今度は残りの三人がくんずほぐれつの肉弾戦に突入しました。たまきさんが美鈴さんのアソコを吸い、美鈴さんが聡美さんのアソコを吸って、聡美さんはたまきさんの……そう、女三人の世にも淫らな円環が出来上がったのです。

三人三様に感じイキまくって一息ついたあと、再び元気を取り戻した私と志乃さんが今度はその環に飛び込んでいきました。

こうして、社宅妻五人の官能の宴は、それぞれの夫たちがゴルフコンペから帰ってくる夕方六時ギリギリまで、延々と繰り広げられたのでした。

先輩奥様方はそもそもガチのレズビアンというわけではなく、どうしても仕事仕事でかまってくれないことが多くなるダンナ様たちへの不平不満を晴らし、欲求不満を解消するための工夫の一環として、こうしてたまに女同士のプレイに耽っては愉しんでいるのだといいます。

だけどそんな皆とは違って、このあまりに新鮮な快感の沼にハマった挙句、抜けられなくなってしまいそうな私がいるのです。

■私は太腿の付け根、部長の股間に達した指先をサスサスと撫で動かして……

部長の出張に同行して待望のオールナイト不倫ラブ

投稿者 吉木奈苗（仮名）／32歳／OL

とにかく私、部長のことが好きで好きでしょうがないの。

部長は私よりだいぶ年上の四十七歳だけど、そんなの関係ない。

二年前、部下である私のミスの責任を全部かぶって私を守ってくれて……最初はその男気に感動し、人として尊敬してやまない感じだったけど、そのうち純粋に男性として魅かれるようになっちゃって……。

気がついたらもうその熱い想いが止まらなくて、ある日、自分からサシで飲みに誘って、グイグイ押しまくって、想いの丈を告って……ラブホのベッドに引きずり込んでた。

最初、部長も歳のせいとお酒の影響もあってか、思うようにアレがいうこと聞かないみたいだったけど、そこは私の自慢の愛撫とフェラテクで見事にギンギンにしてあげて。「ええっ、妻相手だと、もうここ半年ほどピクリともしなかったのに！」って部長自身もその反応にビックリしてたみたいだけど、そりゃもう私、夫からさんざん仕込まれてますから……ただ、皮肉なことに今、その夫はよその女に夢中で、私のほうは逆にここ半年ほどセックスレスなのだけど。

とにかく、お互いのそんな状況もあってか、私と部長のフリンSEX初夜はそりゃもうサイコーに盛り上がっちゃって、部長ったらなんと二発も！　私も念願の部長の腕の中で、とろけるようなオーガズムを味わうことができたわ。

そんなふうに始まった私と部長の関係は、それから月二、三回くらいのペースでそれなりに順調に進んでいったんだけど、私には一つだけどうしても食い足りないところがあったのね。

それは、部長と一晩を一緒に過ごせないこと。

部長と奥さんの間は肉体的には醒めてしまってるけど、やっぱり元々責任感の強い彼としては夫として、父親としての自意識はまだあるみたいで、フリンのために外泊するっていう一線は越えられなかったのね。たとえどれだけドロドロのフリンSEXに溺れたとしても、そのあとちゃんと妻子の元に帰宅することで、最低限のケジメは守れてるっていう。

もちろん、私としては今の部長との関係性自体には満足してるんだけど、一度でいいから一晩中、部長のことを独占してみたいなあ、なんてね。

でもそんなあるとき、部長から思いがけないお誘いが……！

「実は来週、商談のため泊まりがけで出張に行くんだけど、そのあとの夜はフリーだから……もしできるなら、きみも有休をとって同行しないか？　じっくりたっぷりってわけにはいかないけど、念願の二人だけの一晩を過ごせるよ」

そりゃもう、私は秒で承諾の返事をしましたとも！

その日の晩の夫の予定は？　とか、果たして会社が有休申請を認めてくれるのかとか、不確定要素だらけだったけど、私としてはこの千載一遇のチャンスを逃すわけにはいかず、まあ何とかなるさ！　と。

で、実際に何とかなったもんね、これが。

そして私と部長は当日の朝、密かに駅で待ち合わせ、新幹線に乗って出発。

もうその間、私のテンションはずっと爆上がりっぱなし！

初めての二人だけで過ごす夜のことが待ちきれず、新幹線の車中、二人掛けの席に並んで座った、隣りの部長の太腿にそっと手を這わせて……。

「こ、こら、ダメだよ、こんなところで……！」

囁き声でそう部長にたしなめられても、昂ったフリン女は急に止まれない。

周りの乗客や乗務員さんの目を気にしつつも、ツツツ、と太腿の付け根、部長の股間に達した指先をサスサスと撫で動かして。すると、あれよあれよという間にそこは膨らんできて……スーツのズボンの前部分がパンパンに張っちゃった。

「……いや、ほんとにダメだって……ねえ、やめて……」

そう言いながらも、囁く部長の声音からは甘い悦びが感じられて、私も興奮のあまり、ちょっとイジワルな気持ちになっちゃう。

「空調効きすぎかな？　何か冷えてきちゃった」

なんて言いながら持参してきたブランケットをカバンから取り出すと、自分と部長の腰から膝ぐらいまでを覆うように掛ける。そしてそこに潜り込ませた手で、密かに部長のズボンのチャックを下げ、中の下着をこじ開けて、もうかなり固く張り詰めてるアレを取り出して直にさすってあげる。がぜん、さらに激しく反応し、ドクドクと熱い脈動が伝わってくるみたい。

「……はあ、あ、あっ……奈苗……ふぅ……」

部長の息づかいが荒くなってきて、ぶっちゃけ私も自分でアソコをいじりたいぐらいだったけど、そこはもちろんグッとガマン。さらにシコってあげると、いよいよ部長のソレもテンパってきて、今にも爆発しちゃいそう……！　でも私は、

「はい、今はここまでね。あとは夜のお楽しみ！」

と部長の耳元で囁き、完全な生殺し状態で行為中断！

すると部長ったら、さっきは自分で「やめろ」って言っておいて、いざほんとにやめられたら、なんだかやたらうらめしそうな顔しちゃって……ちょっとおかしかったな。

そして二時間半後、目的地に到着。二人で軽く昼食をとったあと、部長は出張業務をこなすべく地下鉄に乗り込み、夜まで何も用事のない私は仕方なく時間つぶし……お金もあんまり使うわけにもいかないし、あ〜しんどっ！

でも、そんなふうにして溜まりに溜まった待望感と欲望のおかげで、いよいよやってきた二人だけの夜の時間は、そりゃもうすごかったわ。

夜の九時すぎ、商談先との会食を終えて、私が待つホテルの一室に戻ってきた部長。それなりに疲れ、アルコールも入っているはずなのに、問答無用でスーツも下着も脱ぎ捨ててあらわにした股間のアレは、もう怖いくらいに勃起してて、早くも先端から先走り液を滲ませてるくらいの超臨戦態勢。シャワーを浴びることもなく私の体を力強く引き寄せると、むさぼるような荒々しいキスをしながらベッドに押し倒し、そのときすでに着替えていたホテルの浴衣を剝ぎ取るように脱がしてきて。

「ああ、奈苗……一日中もう、おまえとヤリたくてヤリたくて仕方なかった！」

そう呻くように言いながら、私の裸体にむさぼりついてくる部長……え、今はじめて『おまえ』って呼んでくれた……？　私は、部長がより近しい存在になったような、嬉しい驚きにますます気持ちも性感も昂らせながら、こちらも負けじとむさぼりついていって！

そうやって受け入れた部長のアレは、きっと気のせいだとは思うのだけど、なんだか今までで一番固くて大きくて、かつてなく私の奥の一番深いところまで達してくれてるみたいで、それはもうサイコーのカイカンだった。

「あ、ああん！　いいっ、部長……あっ、あああん！」

「ああ、奈苗……奈苗！　誰よりも好きだよっ！」

私と部長はこうして、待望の一晩中、飽くことなくお互いの肉体を求め合い、むさぼり合って……ほんの二時間ぐらいしか寝なかったんじゃないかな？

翌日、太陽が黄色いっていうのは、本当でした（笑）。

■アタシのネットリと濡れた胸の谷間でペニスがヒクつき、玉がコロコロ……

不倫現場目撃！　口止めの代償にアタシが求めたものは…

投稿者　咲田美千花（仮名）／31歳／パート

アタシ、前から密かに、マンションの同じ階に住む遠藤さんっていうご家庭のダンナさんのファンだったんです。といっても、朝の出勤時とかたまに帰宅のときとか、そんなに頻繁に顔を合わせてるわけじゃなかったんだけど、いつもアタシの顔を見ると爽やかな笑顔で明るく挨拶してくれて、ほんっと好印象！　たぶん年齢的にはうちの人と同じ三十代半ばくらいだと思うけど、その見た目は大違い。早くも醜いメタボ体型になりつつあるうちと違って、遠藤さんはタイトなスーツがビシッと似合うスマートな長身イケメンで、ほんとカッコいいんです。

最近、夫とはめっきりセックスレス状態で慢性的に欲求不満を抱えてるアタシは、昼日中から勝手に遠藤さんのイケてるナイスバディな裸を想像し、その腕に抱かれる様を妄想しながらオナニーするっていうのが日常茶飯事でした。

そんなある日のこと。

夕方の五時頃、アタシは電車で一駅行ったところにあるホームセンターでのパート勤めを終え、駅へ向かって歩いてたんだけど、そこで思わぬ光景を目撃しちゃったんです！

ちょうど駅への近道になる裏路地の道端にあるラブホの前を通りかかったとき、その入口からカップルが腕を組んで出てきたんだけど、何だか男性のほうが妙に見覚えがあるなあって思いつつまじまじと見てみると……そう、お察しのとおり遠藤さんのダンナさんだったんです。相手の派手目の若い女は、どこからどう見ても奥さんじゃありません。

思わずお互いの顔を見合わせちゃったアタシと遠藤さん。

とりあえず知らん顔をしてすれ違い、それぞれ反対方向へと向かったわけですが、アタシはもう心臓バクバクでした。どう考えても見てはいけない遠藤さんのヒミツを目の当たりにしちゃったわけですから。

それから数日、何事もなく時は過ぎたのですが、ある朝、アタシが夫を仕事に送り出し、部屋に戻ろうとしたとき、カツカツと急ぎ足の靴音が背後から近づいてきたので、ハッとして振り向くと、そこにいたのは今まさにこれから勤めに出ようとしているスーツ姿の遠藤さんで、アタシに一枚のメモ用紙を渡してきました。「えっ？」と怪訝な顔をするアタシにかまわず、遠藤さんはそのまま黙ってエレベーターホールのほうへ向かってしまいました。

急いで室内に入りメモ用紙に書かれた内容を読んでみると……

『この間は、いきなりあんなところで会ってビックリしました。きっと誤解があるものと思いますので、一度二人だけでお会いしてきちんとご説明させていただければと思います』

ははーん、どんな言いわけでアタシを丸め込もうとするつもりか知らないけど、そうは問屋がおろさないわよ。不倫の現場を目撃されたことの口封じをしたいんだったら、それ相応の代償を支払ってもらわないとね！

と、アタシは完全に臨戦モード。

とりあえずメモ用紙に書いてあった向こうの携帯番号からＬＩＮＥをつなげてやりとりし、そのすぐ翌日に会って話す約束をしました。

で、結論としては、とってつけた言いわけなんかアタシに通用するわけもなく、泣く泣く向こうは不倫の事実を認めざるを得ませんでした。どうやら営業の外回り中の空き時間を利用して、勝手知ったるセフレの一人である人妻と逢い、真昼間から三回戦にまで及んでしまったという話でした。

「……それで、どうすればこのこと、黙っててもらえますか？」

彼が訊くので、アタシはズバリ答えてあげました。

「アタシもアナタのセフレの一人にして！　実はもうだいぶ前から、アナタとセックスすることを夢見てたの。ね？　そうしてくれたらこの間のこと、奥さんにも他の誰にも言わないでいてあげるからっ……！」

アタシの思いがけない要請に面食らってる様子の遠藤さんでしたが、もちろんここで断るという選択肢はないでしょう。

「わかりました……奥さんとセックスします」

「やったー！　よろしくお願いしますっ！」

そしてそれから数日後。

例のラブホでアタシと遠藤さんはついにベッドを共にしました。

裸になった遠藤さんは、アタシが夢想してた以上に引き締まった筋肉質のナイスバディで、なのにペニスはでっぷりメタボの夫のモノよりよっぽど極太の逸品で、勃起すると、長さこそ夫とどっこいどっこいだったけど、太さは優に一・五倍……直径五センチ以上はあるという嬉しい誤算でした。

「ああん、すごいオチン◯ン……たっぷり味わわせてちょうだいね」

アタシたちは二人とも裸になり、ベッドの上で仁王立ちになった遠藤さんの前に、アタシは舌なめずりしながらひざまずきました。そしてすでに勃起しているソレの亀頭をズッポリと咥え込むと、たっぷりの唾液を含ませながら、ジュッポ、ニュッポ、ヌッポとねぶり立てました。その刺激に反応してサオの表面には太い血管がウネウネと浮き出し、亀頭の先端からはジワジワダラダラと透明な粘液が滲み出し、したたり落ちてきて……それがアタシの唾液と交じり会って、しゃぶるアタシの顎から首筋、鎖骨へと流れ落ち、さらにアタシの豊満な胸の谷間をネトネトに濡らしてきます。

「あ、ああ……フェラ、すごいキモチいいです……はうぅ……」

カッコいい遠藤さんが漏らす甘くせつない喘ぎ声に、ますます欲情してしまったアタシは、亀頭の先端を咥え込んでグジュグジュ、ジュブジュブ、ヌチュヌチュと味わい可愛がりながら、左右のバストをグッと持ち上げるようにして、遠藤さんの玉袋ごとペニスをパイズリしていきました。アタシのネットリと濡れた胸の谷間でペニスがヒクつき、玉がコロコロ、ヌチョヌチョとうごめく触感は、なんだかもうたまらなく淫靡で、アタシ自身は遠藤さんからほとんど何もしてもらっていないというのに、アソコはとめどなく溢れ垂れる愛液でグチョグチョのダラダラにとろけ乱れまくってしまいました。

「んあぁっ！　も、もうたまんない！　オチ〇ポ、オチ〇ポ！　遠藤さんのこの極太のオチ〇ポで、アタシのオマ〇コの中、グチャグチャに掻き回してぇ！」

「あ、ああ……お、奥さん！　わかった、入れるよ……ナマでいいよね？」

「オッケー！　ピル飲んでるから大丈夫！　遠藤さんのたっぷりの熱いチ〇ポ汁で、アタシのオマ〇コの中いっぱいにしてぇっ！」

そしてググッ、ズブズブッと入ってきたその迫力と触感はもうサイコーで、アタシは遠藤さんの腰に両脚を回して締め上げながら、グイグイと挿入度を深め、昂るエクスタシーの奔流に呑み込まれてしまうようでした。

「ううっ……奥さんの締め上げ、スゴすぎるっ……もうイッちゃいそうだ……」

「ああん、きてきてっ！　濃ゆくて熱いのいっぱい、アタシの中にぃっ！」

最後、一気にオーガズムが弾け、アタシは自分の胎内をドクドクと満たす遠藤さんの白い奔流を想う存分味わったのでした。

もちろんその後、アタシが遠藤さんのセフレ・ローテーションの中の一員として加わったのは言うまでもありません。

■彼と正面から抱き合いながら直立したペニスの上に腰を下ろしていって……

まさかの早朝早出トイレプレイで悶絶絶頂！

投稿者 床田さゆみ（仮名）／27歳／清掃パート

今年に入って夫の会社の業績がかなりヤバイことになってしまい、給料がいきなり四割もカットされてしまうことに。それまではまあまあの高給取りだったものだから、私ものんきに専業主婦してたんだけど、こりゃそんな場合じゃないぞ！　と。だってマンションと車のローンもあるしね。

で、慌てて働き口を探したものの、これがなかなかいいのがないのよね。できれば家から近くて時間の融通が利いて、ラクで実入りのいいところがいいんだけど（笑）、ま、そんな虫のいい話が簡単にあるわけもなく……結局、ようやく見つけたのがビルの清掃パートだったの。

でもそういうのって、私も前に少しだけＯＬしてたことがあるから、ちょくちょく勤め先の会社が入ってた雑居ビルのトイレとか廊下なんかの清掃をしてくれてた人と出くわしたことがあるけど、そのときのイメージとしては完全に『おばちゃん』、いや何なら『おばあちゃん』がやる仕事ってかんじ？　まあ、イヤな話、どうしても一段低く見ちゃってたところがあるかなあ。

　そんなのを、まさか自分がやることになろうとは……ってかんじよね。でも、背に腹は代えられない。他にやれそうな仕事と比べても、実入りは決して悪くなかったしね。

　基本、仕事時間はそのビル内の会社に勤める人が出勤してくる前……だいたい九時～十時始まりだから、私は遅くとも七時前には出て、九時少し前までには作業を終わらせるってかんじで、それを月曜から金曜まで。最初はなかなかしんどかったけど、まあそれも作業要領を摑んでくにつれて、そのうち慣れたわ。

　でもあれね、やっぱり一番きつかったのは、そこで働く人たちの目と態度。

　できれば彼らと出くわさないに越したことはないんだけど、どうしても業務の関係上けっこう早めに出てくる人がいたり、私の作業が滞って遅くまでかかっちゃうことがあったりして、そういうわけにもいかなくて。

　そういうとき、私はもちろん「おはようございます」って挨拶するんだけど、向こうはあからさまに見下すかんじで完全無視か、よくて頷くだけ。さらには「あれしといて」「これできてなかったんだけどー」などと完全に上から目線でアレコレ指図したり文句言ってきたり……特に若い女の子の態度がひどいのよねえ。中には私を『おばちゃん』呼ばわりする子もいたりして。こっちはまだ二十代だっちゅーの！　あーもう、まじムカつく！

でもそんな中、一人だけすっごくかんじのいい人がいたの。何度か言葉を交わすうちに、今井さんって名前だって知ったんだけど、三十代半ばくらいの男の人。ビル内の広告代理店に勤めてるということで、いつも誰よりも出社が早くて、私の顔を見るたびに、朝の気持ちのいい挨拶はもちろん、「いつもきれいに掃除してくれてありがとうございます」とかやさしい言葉をかけてくれたり。それどころか何度か、出張のお土産までくれちゃって……

見た目もなかなかイケてるしで、私は内心、彼のこと、ちょっと好きになっちゃったのね。まあ、その左手の薬指に光る指輪で妻帯者だってことは承知だったけど、密かに好意を持ってるだけなら罪はないっしょ、ってかんじかな。

ところがある日の朝、きゃーっ、マジッ⁉　ってことが起こっちゃって……！

私が、前日にどうしても気になってた男子トイレのしつこい汚れを落としたくて、いつもより早く、六時すぎに出勤して作業に当たってたら、なんと今井さんがそこに入ってきたのね。そして私の姿に気づくなり、いつも通りのステキな笑顔で、ねぎらってくれて。

「うわ、床田さん、早いですねえ！　本当に仕事熱心で頭が下がります」

「今井さんこそ、お疲れ様です。今日は特にお忙しいんですか？」

私も笑顔でそう言って応じたんだけど、彼はちょっと複雑そうな表情を浮かべながら、ちょっと意外なことを……。

「いやそれが、実はお恥ずかしい話、まあ仕事が忙しいのもあるんですけど、女房とちょっと雰囲気悪くなっちゃって、どうにも家に居づらくなって早く来ちゃったってかんじで……あはは」

「はあ……」私はどう応えていいのかわからず、タイル床にひざまずいて作業を続けていたんだけど、彼はさらに訊いてもいないのにこんなことを。

「僕ね、ほんとはエッチが大好きなんですけど、最近、女房のヤツ、疲れてるとか言って全然応じてくれないものだから、そのことで文句を言ったら、ちょっとこじれちゃって……」

えっ？　いくらフレンドリーになったとはいえ、こんなことまで話されるのって、ちょっとおかしくない？

小便器に向かって用を足している彼に背を向ける格好で作業を続けながら、私はどうしようもなく怪しい空気を感じ取ってたんだけど、次の瞬間、それはとんでもない形で現実になっちゃって……！

ハッと気づくと、彼が私の背後から覆いかぶさるように体を密着させてきて、さらに手を前に回すと作業着の上から（と言っても、普段の私服の上からエプロンを着けているだけだけど）胸を撫で回してきたの！

私はチョーびっくりしたものの、そこは他ならぬ今井さんが相手ということで、精いっぱい冷静を装った口調で、

「な、何するんですか、今井さん？　こ、こんなところで……誰か来たらどうするんですか？」

と言ったんだけど、彼は笑み口調で、

「まだ朝の六時半ですよ？　誰も来やしませんよ。ねえ、床田さん、僕のこと好きでしょう？　僕もあなたのこと、好きです。だから……ね？　ヤりましょう？　いや、ヤらせてください！　さっき言ったでしょう？　僕、女房とヤれなくて、もう溜まってて溜まってて……ほら、ここが痛いくらい突っ張って、もう辛抱たまんないんですよお！」

などと言いながら、その言葉どおりに固く膨らんだ股間を、私のお尻にグリグリと

こすりつけてくる始末。

こうなると、私としても無理に拒絶する理由はなく、最近落ち込み気味でセックスをする気力もない夫との夫婦生活への不満もあいまって、がぜん今井さんに対する欲望が煮えたぎってきちゃって……！

「あ、あああっ……今井さん……ダメッ……」

なんて口では言いながら、自分のほうからもグリグリとお尻を押しつけ返しちゃったりなんかして。

そうやってなし崩し的に合意に達した私たちは、もうこうなったら一刻も早くハメるのみとばかりに、もつれ合うようにして個室の一つに転がり込むと、彼が便器の蓋の上に座り、ズボンと下着を足首のところまで下ろして股間を剝き出しにして。でも私は少しでもソレを味わいたくてたまらなくて、すぐにはハメないで狭い個室の中で彼の前にひざまずき、夢中でおしゃぶり！　ちょっとオシッコの残味があったけど、それもまたよし。タマまで舐め尽くしてギンギンにいきり立たせたあと、エプロンを取ってシャツの前をはだけると、ブラを外して生オッパイをさらして。そしていよいよ下着と作業用のジーンズを脱いで下半身を丸出しにすると、今井さんと対面する格好で彼の膝の上にまたがって、正面から抱き合いながら直立した勃起ペニスの上に腰を下ろしていって……！

「……あ、ああっ……はあ……お、おっきい……！」

下からヌプヌプと濡れたアソコのお肉を穿ち、徐々にズンズンと突き上げてくるたくましい力感のよさに、たまらず声をあげちゃう。

「んぶっ、ぶちゅ、ちゃぷちゅっ……うう、う、床田さぁん……」

彼のほうも、私のナマ乳をむしゃぶり吸いながら、気持ちよさそうな呻き声をあげて……ますますその腰の突き上げの勢いが増していって。

「あん、あうっ……今井さん……はぁ、あん、あん、あ、ああっ……！」

「くうっ……はっ、ああっ……床田さんっ……」

トイレ全体にお互いの嬌声と、ヌチャヌチャ、ジュブジュブ……というあられもない合体音を響き渡らせながら、やがて私たちはイキ果ててたわ。

あー、マジ気持ちよかったぁ！

そして、またいずれ、お互いに溜まってきてどうしようもなくなったら、早朝早出プレイで楽しみましょうねって約束した私たちなの。

■とうとう喪服の黒い布地を割って、紀香の雪のように白い裸体があらわに……

親友の遺影の前でその妻を貫き犯した俺の秘めた純愛

投稿者　西條春樹（仮名）／32歳／会社員

そのとき、俺は仕事でオーストラリアに一ヶ月間の出張中だった。だから、任期を終えて帰国したとき初めて雄一郎の死を知り、あまりのショックに愕然とした。

雄一郎とは小学校の頃からの付き合いで、中高も同じ。大学こそ違って少し疎遠になったものの、卒業後は別々の会社ながら同じ総合商社に就職した縁で、再び親しく付き合うようになった。

傍から見ればいわゆる親友というやつだが、俺の中には雄一郎に対して一筋縄ではいかない複雑な思いがあった。

俺は実は高校時代、クラスメイトの紀香のことが好きで、大きな声では言えないけど、彼女を想ってオナニーに耽るほど恋焦がれていた。だが結局告白する勇気を持てないまま卒業し、それからずっと心の隅に彼女の存在を残したまま、社会人になってから知り合った今の妻と結婚したという経緯があった。

いわば紀香は俺にとって、忘れられない永遠の初恋の君だったわけだ。

それがなんと、社会人になって同業者として再会した雄一郎から、紀香と結婚したと聞いたときの衝撃といったら……！　二人は別々の大学に進みながらも、サークル活動を通じて付き合うようになり、二十六歳のときにゴールインしたのだという。

今から四年前、俺は平静を装いながらも、初めて雄一郎から、紀香と暮らす自宅へと招かれたとき、興奮と不安の昂りに今にも心臓が飛び出しそうだった。自分にとって青春の象徴ともいえる紀香との再会への期待と、一方で俺の紀香が変わってしまってたらどうしようという恐れと……。

結果、紀香は紀香のまま……いや、それ以上だった。

あの明るく愛くるしい笑顔と、チアリーディング部仕込みのスレンダーで、でも同時に女らしい柔らかな膨らみが蠱惑的な、まばゆいばかりの至高の肢体。さらにそこに大人の女としてのエレガントな立ち居振る舞いが加わって、何倍にも魅力的な存在になっていたのだ。

ああ、なのに、今やもう手の出しようもない親友の妻だなんて……！

その後、俺は自宅に帰ったあと、隣りに妻が寝ているというのに、昼間鮮やかに脳裏に焼き付けられた紀香の姿を、いや、こともあろうに雄一郎に抱かれて嬌声をあげるその痴態を夢想しながら、何年かぶりに密かにオナニーしてしまった。

こうして俺は紀香と、その夫であり親友である雄一郎への複雑な想いを、どうしようもなくこじらせ続けていたというわけだった。

そして、その雄一郎が交通事故で急逝したことを知ったのは、海外出張からの帰国後すぐ、一足違いで葬儀が執り行われた翌日のことだった。

「急なことで新井さん（雄一郎の名字）もお気の毒にね……残された奥さんのこと、くれぐれも励ましてあげてね」

「ああ、そうするよ」

俺の紀香に対する心中など知る由もない妻は、そう言って俺を送り出し、俺は一応、黒い礼服を着て、今は紀香が一人で暮らす自宅マンションへと向かった。

事前に連絡はしてあったので、彼女はすぐに俺を中に招き入れてくれた。おそらく喪主として気を張りながら通夜、葬儀、初七日の法要と終えて斎場から戻り、ようやく押し寄せる悲しみのあまり、休むこともできなかったのだろう。未だ和装の喪服を着たままの彼女だったが、やつれながらも、それゆえの凄絶な美しさをその表情に湛えていて、俺は思わず息を呑んだ。

「西條さん……いえ、春樹、わざわざ来てくれてありがとう。海外出張から帰ったばかりで疲れてるっていうのに」

そうねぎらってくれる彼女に対して、白布で包まれた骨壺の横に立てられた雄一郎の遺影に向かって、焼香を終えた俺は言った。

「何言ってるんだ、紀香こそ大丈夫か？　気をしっかり持てよ。俺にできることなら何でも手助けするから！」

するとと彼女は、急に嗚咽を漏らし始め……、

「……うっ、ううっ……ああ、春樹……あたし、これから一体どうしたらいいのか……うう、ううう～～～……」

背を丸め、顔を伏せて呻く彼女の、喪服の襟足から覗く白いうなじは、黒い装いとのコントラストに妖しく映えて、たまらなく美しく、官能的だった。

俺の体の奥底の芯のほうから、沸々と熱く煮えたぎってくるものがあった。

ああ、もうずっと俺の心を摑んで離さない、恋焦がれてきた紀香が今、誰のものでもなくなって、目の前にいる。深い悲しみに心震わせ、涙にくれながら身をわななかせて……ああっ、紀香っ！　俺に何ができる⁉

俺は泣き悶える彼女の体を抱きしめながら言っていた。

「大丈夫、俺がついてるからっ……俺が……っ」

そのとき、彼女のうなじから立ち昇ってきた匂い……もう丸二日、風呂にも入らず汗ばんだ体に垢も溜まり、そこに化粧の香りが混ざり合ってすえたような、でも、えも言われず甘やかなそれが俺の鼻腔をくすぐり満たしてきて……。

黒い礼服の下で、俺のペニスは強烈に勃起していた。最近少し太り気味だったせいか、昔買ったスラックスはきつく、余計に股間がキリキリと締め上がってきて、もう激痛といってもいいくらいだ。

「……の、紀香っ……」

俺は彼女の両肩を摑んで顔を上げさせた。すると、喪服の襟の合わせの部分が乱れて、白い胸元が覗いた。当然下着はつけていないのだろう。きつく締められてくっきりと深く刻まれた乳房の谷間が、俺の目をくぎ付けにし……最後の理性のかけらが吹き飛んだ。

「ああっ、の、紀香ぁ〜〜〜〜〜っ！」

俺は思わず雄たけびをあげると、彼女の体をカーペット敷きの床に仰向けに押し倒し、上から覆いかぶさっていた。そして有無を言わせず、ふっくらと柔らかな唇を奪い、むさぼるように舐め啜っていた。

「……ん、んんっ！　んはっ……は、春樹っ……な、何するのっ？」

必死に息を喘がせながら、なじるように言う紀香だったけど、俺はもう自分を止められなかった。積年の彼女に対する想いが噴き出し、欲望の奔流となってもの凄い勢いで俺を後押ししてくる。

「ずっと……ずっとおまえのことが好きだったんだぁ〜〜〜っ！」

想いの丈を叫びながら喪服をまさぐり、大いに手間取りながらも何とか帯をほどき、彼女の装いを少しずつ剥いでいく。

「春樹っ……だめっ！　雄一郎が死んだばっかなのよ？　やめてよぉ……」

「おまえを好きになったのは、俺のほうが先だっ！」

そう言って、彼女の力ない声の抵抗をねじ伏せつつ……とうとう喪服の黒い布地を割って、紀香の雪のように白い裸体があらわになった。その美しい乳房のラインは、寝そべっていても横に流れずきれいな丸みを帯びて、先端で愛らしい乳首がピクピクと震えている。

身を起こして抗おうとする彼女を押し返しながら、俺は自らも礼服を脱いでいった。そして現れた、相変わらず怖いぐらいいきり立っているペニスを見ると、彼女の目は大きく見開かれた。そして、

「だめっ！　本当にやめてっ……春樹っ、お願いだからぁ……」

そう言って再び拒絶しようとする紀香だったけど、俺が問答無用で挿入していくと、徐々に声は弱くなっていった。

「……あ、ああっ……だめ……やめて、んんっ……はぁぁ……」

俺は両手で彼女の左右の乳房を鷲摑み、ガシガシ、ムニュムニュと揉みしだきながら、腰のピストン動作を速め、奥へ奥へと掘り込みを深くしていった。すると、最初はきつかった合体の感触が、ヌチュヌチュ、グチュグチュ、ズプズプ……という粘ついた音と共に滑らかかつジューシーに変わっていって……紀香のほうも程よく濡れてきたのだ。

「んくっ……ふう、うぅ……あんっ、あ、ああっ……あふっ……」

そしてそれにつれて、さっきまでは恥じらうようにか細かった喘ぎ声が、だんだん大きくリズミカルに、跳ねるように軽やかになってきて。

果たして、悲しみを乗り越えて俺の想いを受け入れてくれたのか、それともただ単に理性を忘れて本能の快感に溺れるメスになっているだけなのか……彼女を支配している真実はわからないけど、俺としてはただひたすらこの待ちに待ったときを、至高の悦びを味わい尽くさない手はない。

「……うっ、ううっ……！」

俺は初弾を彼女の腹の上に射ち放つと、ほんの少しのインターバルのあと、今度はバックからその肉体を刺し貫いた。

「ああっ、あん！　はぁっ……あぁぁ、あん、ああん……」

最初の正常位のときよりも長くじっくりと責め立てる間に、幾度かビクビクとカラダを震わせたのを見るに、彼女のほうも軽く二、三度イッたようだった。

最後、全身全霊のピストンのあと、渾身のフィニッシュの一発を今度は腰の上辺りに射ち放つと、彼女は一段と大きく身を震わせながら、

「あひぃ……ひっ、ひぃぃ……あああぁぁぁ～～～～～～～～っ！」

どう見ても大きなオーガズムの果てに絶叫をほとばしらせた。

その後、俺と紀香はほとんど言葉を交わすことなく、俺はそそくさと身づくろいをしてマンションをあとにした。

今後、二人の関係性がどうなるのか……まだわからないけど、俺は陰ながら紀香のことを助けていきたいと思う。

■安川さんは尻肉を左右に押し開くと、アタシの秘密のアナルを舐めまくって……

お金目当てのはずが絶品舐めテクに篭絡されたアタシ

投稿者　榊原美帆（仮名）／25歳／アルバイト

半年前に結婚したばかりで新婚ホヤホヤのアタシは、大好きなダーリンとのラブラブな毎日で幸せいっぱい！　……のはずだったのが、まさかいきなりダーリンの勤める映像ソフト制作会社が倒産しちゃうなんて、マジ聞いてないよーっ！　てカンジで……とりあえずダーリンは失業保険をもらいながら次の職探しをしてるんだけど、当然アタシも何もしないわけにはいかなくなり、手近でアルバイトを募集してたカフェの求人募集に応募しました。

結果は、まあ自分で言うのも何だけど、アタシってばけっこう可愛いし、ボディだってなかなか……ってことで、面接に行ったら即採用！　早速その週からウェイトレスとして働き始めたんだけど、マスター曰く、「美帆ちゃんが来てくれてから、美帆ちゃん目当てのお客さんがすごい増えて、売り上げも激増しちゃったよ。マジありがとうね。今度ボーナス出さなくっちゃね」だって。

やりーっ♪

そう言われると嬉しいし、そんなアタシ目当てで来るお客さんたちにチヤホヤされるのもなかなかカイカンで楽しかったんだけど、基本、アタシが人妻だってことはオープンになってるので、皆さん節度を持って接してくれてるっていうのに、一人だけやたらしつこくエロく言い寄ってくるお客さんがいて、それはかなり困りものでした。

その人は安川さんといって、この近所で床屋さんをやってる六十すぎのオジサンでした。とにかくうちの店に来ては辺りをはばかることなく、「ねー美帆ちゃん、今度ホテル行こーよ」とか、「うちのバーさんとはもうヤル気しないんだよな、頼むよ美帆ちゃん」とか、もう明け透けにエロ誘いしてくる始末で、ほとほと困ってたんです。でも、お店にいっぱいお金を落としてくれる、常連の超お得意さんなので、マスターもあまりキツイことは言えず、アタシとしてもグッとガマンしつつ、何とか穏便にあしらうっていう感じでした。

ところがそんなとき、緊急事態勃発！

ダーリンが入ってる生命保険の、月々とは別の年払い金の支払いが今月あるってことをすっかり忘れてて、急遽四万五千円ものお金が必要になっちゃったんです。今のうちの家計にそんなの払える余裕はありません。

そこでアタシは窮余の手段として、安川さんに当たってみることを考えました。『五万円（少し水増し）払ってくれるんなら、一度エッチに付き合ってあげてもいい』って。もう背に腹は代えられません。アタシにできる内助の功なんて、これぐらいしかないんですもの。

店に来て、例によって明け透けにアタシを誘ってくる安川さんに対して、黙ってこっそり、そのことを書いたメモを渡すと、それを早速読んだ彼は即断即決で、「オッケー！　その話、乗った！」と返してきました。

さあ、こうなったらもう引き返せません。

その後、お互いの都合をすり合わせたアタシと安川さんは、数日後の火曜、床屋が定休日（おもに関東）の夕方、早番のアタシの退勤後、二人で郊外のホテルへ向かったんです。

さて、チェックイン後、二人交替でシャワーを浴び、サッパリしたところでベッドインしたわけなんだけど、てっきり飢えたケダモノのように襲いかかってくるかと思いきや、安川さんってば何か様子がおかしく、やたらアプローチがおっとりしてるんです。と、アタシの怪訝そうな表情を察したのか、安川さんが聞いてもいないのに説明を始めました。

「いや実は、最近はバイア○ラとか、ＥＤ治療用のクスリを飲まないとムスコが役に立たなくてね、それにはちょっと時間がかかるもんだから、それまでボク自慢の舐めテクでじっくり可愛がってあげるね」

それを聞いて私、逆にちょっとガッカリしちゃいました。いやだって、今日はもうすっかりヤられる気まんまんで来たもんだから、とんだ拍子ヌケっていうか……でもまあしょうがないので、ここは安川さんに任せるしかありません。

安川さんは、確かにオチン○ンをだらんとさせたまま、全裸でベッドに寝そべってるアタシに覆いかぶさってくると、まずはうなじを舐めてきました。舌先をすぼめてツツーッと這わせてくると、そのまま耳のほうに向かって耳朶をネロネロッと舐めしゃぶり、続いて耳の穴をヌリュヌリュヌリュッとほじりえぐってきて……思わずゾクゾクッとエロい戦慄が走りました。

「……あっ、はぁぁッ…………」

その想像以上の刺激に身をくねらせて悶えていると、安川さんの舌は今度はアタシの首筋から鎖骨の辺りへと滑り下りてきて、そこから乳房へ行くのかと思いきや、脇の下へ這い潜っていきました。そしてヌロヌロ、ヌチョヌチョとこれでもかとソコをねぶり責めてきて……くすぐったさと快感が紙一重のえも言われぬ心地よさに、たまらず性感がとろけてしまいます。

「んあっ、ああ、あふぅん……くふぅ、ううん……はひぃっ……」

「へっへっへっ……いいだろ？　たまらないだろ？　ほおら、こうやってさんざん寸止めで気持ちよくさせておいた挙句……こうだ！」

安川さんはそう言うと、今や勝手にビンビンに勃起しているアタシの乳首に吸いついてきました。チュウチュウ、チュバチュバ吸いまくり、舌先をニュロニュロとからめしゃぶってきて、

「ああっ……はひぃぃぃ～～～～っ！」

アタシはあまりの気持ちよさに、絶叫じみた喘ぎ声をあげてしまいます。

まだまだ安川さんの自慢の責めは止まりません。

それからおへそ周りをさんざん舐めまくり、太腿から下がっていって足指を一本ずつねぶり吸ってきて……そんなことされたの生まれて初めてだったけど、あんまりイイのでびっくりしちゃいました。

そして今度はふくらはぎから腿裏をねぶり登っていったあと、お尻へ……尻肉を左右に押し開くと、アタシの秘密のアナルを舐めまくってきて！

「あくぅ……いやっ、ああん！　ひはぁぁっ……！」

何でだかわからないけど、アナル周辺を変な粘液がヌラヌラと濡らしています。

そのあと、アタシのカラダをひっくり返すと、安川さんは舌をアナルから這うようにしてオマ○コのほうに移動させてきて、いよいよソコを責めしゃぶり始めました。

「あひぃぃぃぃっ！」アタシが背をのけ反らせて悶え狂っていると、ついに待望のそのときがやってきました。

「よしっ！　きたきたきたきたぁっ！」

クスリが効いた安川さんのオチン○ンは見事に勃起し、今や完全に舐めテクで高められまくっているアタシは自らソレに飛びつき、しゃぶりまくっていました。そしてしっかりとコンドーム装着後、アタシは年齢を感じさせない安川さんのエネルギッシュなピストンに攻め立てられ、翻弄された挙句、イヤイヤだった当初からは想像もつかない大満足のオーガズムを迎えていたのでした。

「う〜ん、もうサイコーだったよ、美帆ちゃん！　また頼むね！」

コンドームの中にたっぷりと射精した安川さんは晴れやかにそう言い、アタシは無事、約束の五万円をゲットしたんです。

第三章

今年最高に乱れた不倫体験

■私はその愛撫に身をまかせながら、自分でも彼の股間の膨らみを撫で回して……

初対面の夫の部下に欲情の炎を燃やしてしまった私

投稿者 太田瑠奈（仮名）／33歳／専業主婦

彼はある日突然、私の前に現れ、一瞬にして私の心を奪ってしまいました。

彼の名は大輝さん（三十歳）。私より三つ年下で、夫の会社の部下です。

ああ、彼のことを思うと、今こうやって手記を書いている最中でももうたまらなくなって、思わずアソコをいじっちゃいそうになるくらい……。

それは雪交じりの寒い金曜の夜、十時すぎくらいのことでした。

夫が勤めから帰ってきたのですが、一人ではありませんでした。今日付けで他部署から異動してきて、新しく部下になった大輝さんを伴っていたのです。

「いや、とりあえず親睦の意味で一緒に飲んできたんだけど、まだ色々話し足りなくてさ。連れてきちゃったから、ちょっと頼むよ」

夫はすでにまあまあ酔っぱらった様子で、そう言っていきなり私に酒席の用意を命じてきたわけです。二歳になる娘はもうとっくに寝てるし、普通だったら私としてはその身勝手かつ非常識なムチャぶりに大激怒、イヤミの一つぐらい言ってやるところですが、そうはしませんでした。

なぜなら……そう、一緒にいた大輝さんの存在に、目が釘付けになってしまっていたから……。

スッキリとした爽やかな顔立ちに、引き締まったスマートな体躯。夫とは五つしか年が違わないというのに、その見た目の優劣はあからさまでした。なにしろ夫はすでに頭が薄くなり、脂肪がのってきた体は早くもメタボまっしぐらという感じなのですから。

そして、大輝さんに悪印象を持たれたくない一心で、私はイヤな顔ひとつ見せずにお酒とツマミの用意をしながら、さらにこんなことまで思っていました。

『しかも夫は糖尿病のおかげで、最近すっかりアレの立ちも悪くなっちゃって、満足にセックスも成立しないけど……大輝さんならまさかそんなことないよね？　きっと私のこと、それはもう力強く突いてくれて……』

そんな想像で、思わずカラダの芯の部分がゾクッとしてしまいましたが、もちろん本気じゃありません。私は欲求不満ゆえのヘンな妄想をかなぐり捨てるように頭をブンブンと振ると、お酌をしたり、会話に合いの手を挟んだりして、夫と大輝さんの飲み直しの席を甲斐甲斐しくサポートしたのでした。

そして、深夜十二時を少し回った頃だったでしょうか。

夫はすっかり酔いつぶれてしまい、こうなると滅多なことでは起きやしない、いつもの状態です。

ソファで爆睡する夫を横目に、大輝さんが言いました。

「それじゃ、僕はそろそろこの辺で。まだ終電もありますし、課長にはよろしくお伝えください。奥さん、今日はどうもありがとうございました」

そしてソファから立ち上がろうとしたのですが、そのとき思いがけず大輝さんの足元がふらついて倒れそうになり、私は「あ、あぶない！」と、とっさに手を伸ばしてその体を支えようとしました。見た目は普通でしたが、彼もそれなりに酔いが回っていたようです。

「あ！　す、すみません……っ！」

大輝さんは自分でも驚いたようで、私に体を支えられながら、あたふたとした感じで言いましたが、結局そのまま私に体を預けてソファに倒れ込み、私の上に覆いかぶさる格好になってしまいました。

「ああっ、奥さん……ほんと申し訳ないです……！」

盛んに謝る大輝さんでしたが、私はもう心ここにあらず状態。

上からのしかかってくる、夫と違って決して重すぎない心地よい重量の中、スーツを通して力強く引き締まった筋肉の力感がみっちりと伝わってきて……たまらず全身が熱く火照ってくるのがわかりました。そして、自分でも思いがけない行動を……私の体の上からどこうとする大輝さんのスーツにしがみつくと、そのまま自分のほうにグッと引き寄せていたのです。

「えっ……お、奥さん……?」

困惑気味にそう言う彼に対して、私はさらに大胆な行為を……！

下から首を伸ばすようにして、彼の唇にむさぼりついていました。

同時に両手は彼の首に回り、それを支点に上半身を引っ張り上げながら、さらに激しく濃厚に口づけしました。私の舌は彼の舌をとらえ、ヌルヌルとからみつくと、ジュルジュル、ジュブジュブと唾液を吸い啜って……どんどん溢れ出してくる双方のそれが混ざり合いしたたって、ダラダラ、ボタボタと私の顔から首筋、そして広めに開いたカットソーの襟周りから、鎖骨、胸の谷間と、淫らに濡らし汚していきました。

そしてようやくお互いの唇が離れたとき、見つめ合った私と大輝さんの間に、もう余計な言葉は必要ありませんでした。彼を求める私の強烈な欲望と、それを受け入れ応えようとする彼の覚悟を決めた欲望……そんな二つのパッションが呼応し合い、あとはもうお互いに快楽のゴールを目指してひた走るのみです。

でもその前に一応念のため、子供部屋で熟睡する娘の様子を確認し、そしてすぐ横のソファの一端で泥睡する夫にチラリと良心の呵責めいた一瞥を送ったあと、私たちは服を脱ぎ始めました。

改めてスーツとズボン、Yシャツを脱いだ大輝さんのカラダは、やはり想像どおり、さっき私が重みで感じたとおりの見事に引き締まった細マッチョ体型で、今や唯一体を覆うピッチリとしたボクサーショーツの股間の膨らみも、素敵にボリューミーな存在感を誇っていました。

そして私が服を脱いで全裸になると、その色白の美しさと、とても子供一人を産んだとは思えないボディラインの美しさを褒めながら、大輝さんが触れてきてくれて……私はうっとりとその愛撫に身をまかせながら、自分でも彼の股間の膨らみを撫で回していました。少し伸ばした爪先を立てて裏筋のあたりをツツツとなぞってあげると、膨らみは見る見る固く大きくイキっていって。

「ああ、奥さん……すてきだ……」彼のほうも、うっとりとそう言いながら、私の乳房を揉みしだき、乳首をコリコリとこねよじり、そして尖ってきたそれを口に含んで、レロレロ、チュウチュウ、チュパチュパと舐め吸ってくれました。

「……あ、ああっ……いいっ、キモチいいっ……大輝さんっ！」

私はその快感に身悶えしながら、もどかしげに彼のボクサーショーツに手をかけ引きずり下ろしました。途端に雄々しく勃起したペニスが勢いよく飛び出し、先端を先走り液で少し濡らしながら、ヒクヒクと身を震わせました。

「んああっ！　美味しそうっ！　お願い、舐めさせてえっ！」

私はもう辛抱たまらず彼の前にひざまずくと、ジュポジュポ、ヌポヌポ、ジュブジュブとあられもない淫音を響かせながらペニスをしゃぶり立てていました。私の口内でドクドクと脈動が強くなっていくようです。

「はあっ……奥さん！　すごいっ……ぼ、僕も……っ！」

そう呻くように言うと、大輝さんも私の、もうとんでもなく濡れ乱れたアソコに食らいついて、これでもかとむさぼり可愛がってくれて……そして昂る性感のままに私たちはシックスナインへと移行、それからたっぷり十分ほどもお互いの性器を愛し合い、味わい合いました。

さあ、もう前戯は充分すぎるほどです。

いよいよ私たちは合体しました。

正常位で、お互いの顔をじっくりと見つめ合いながら、みっちりと重なり合い、お互いの性器を奥まで深くからませ合いながら……。

「ああっ、あっ……はぁっ……だ、大輝さんっ……いいっ！」

「ううっ……奥さん、サイコーだあっ！　ああっ……」

二人のカラダを怒濤のピストンが震わせ、私は幾度となく絶頂の火花を弾けさせながら、さらに貪欲に彼がもたらす快感の律動を求めて自ら腰を振って……そしていよいよ最後の瞬間がやってきました。

「うっ、ううっ……イ、イクッ……！」

大輝さんの大量の放出が私の胎内にぶちまけられ、私も最後で最大のオーガズムに達しながら、最高のエクスタシーに昇天していたのでした。

結局その後、当然終電もなくなって大輝さんはタクシーで帰るはめになり、私はこっそり夫の財布から抜いたお金をタクシー代として彼に渡してあげました。

上司の妻たるもの、そのくらいの気遣いはないと……ね？

■私と彼の喘ぎ声が甘く混ざり合って、二人をますます淫らな空気が包んで……

十年ぶりの同窓会は初恋の彼との熱望の逢瀬に濡れて

投稿者　沼里菜々緒（仮名）／29歳／教師

夜も更けた十時半。

八時半から始まった二次会がお開きになり、皆が三々五々帰り始めても、私はまだ名残惜しい気持ちでいっぱいだった。それは、初恋の相手だった亮平と、まだまだ全然しゃべり足りなかったから……。

丸十年ぶりの再会だもの。

高校を卒業してちょうど十年という区切りで地元のホテルで催された同窓会。私は卒業後県外の大学へ進んだあと、その地の高校で教師となり、その後同僚の男性教師と結婚、出産。今日は二歳になる息子の面倒を姑に託し、一泊でこの生まれ育った町に帰ってきた。仲のよかった同級生たちと会うのはもちろん楽しみだったけど、何といっても一番心待ちにしていたのは、最愛の亮平との再会。

高二のはじめから付き合い始めた私たちは、高三の終わり、お互いに別々の地の大学へと進み、それぞれ違う人生の目標に向かって歩み出すと決めたとき、卒業式の直前、最愛の万感の想いを永遠に心に刻み込むべく、最初で最後のつもりで一夜を共にして……もちろん私は処女で、彼は童貞だった。

その後、亮平も志望どおり大手商社マンとなってエリート街道を邁進中、きれいな奥さんと可愛い二人の娘さんに恵まれたという。

こうして、お互いにそれなりに順風満帆な人生を送ってくると、おかしなものであの卒業当時のピュアで思いつめたような態度や考え方も和らぎ、彼のほうはわからないけど、私は今もう一度、強烈に亮平の胸に抱かれたいという願望にとらわれて、何だかもうたまらなくなってしまっている。

……なのに、そんな思いを胸に待ちに待った十年ぶりの再会の場が、もうこれでおしまいだなんて……二次会会場のパブから、どんどん人がいなくなっていく様子を泣きそうになりながら見ているしかない私。

そのときだった。

さっと私の腕を摑んだ手が、他の誰の目に触れることもなく、すばやく店の外へと連れ出してくれたのは。その手の主はもちろん、亮平だった。

「さあ、二人だけになれるところへ行こう！」

お互いに、双方のパートナーにどんな形で知られてマズイことになるかわからないから、誰にも見られないようにとの彼の心遣いだった。冷静かつ合理的な彼らしい。もちろん私だって今の家庭がこわれるような事態は願い下げだもの。

「で、どこ行く?」

「ホテル!」

「だよな!」

私たちはスマホで検索して界隈にあるちょうどいいホテルを見つけると、そこへ向かった。一応泊まり用のホテルは別に予約してあるけど、今から行くところで泊まることになっても私としては一向にかまわない。

チェックインして部屋に入るなり、私たちは息せき切って荒々しく、お互いの服を脱がし始めた。双方、同窓会用の一張羅を着ていたが、今の私たちにとって多少そんなものがシワになろうが、この激しく燃え上がる再会の欲望に従うことのほうが大事だったのは言うまでもない。

あっという間に全裸になった私たちは、そのまま二人で浴室に飛び込んだ。私は産後もそれなりに気をつかってボディラインを維持し、肌ケアにも気を遣っていたつもりだったけど、亮平のほうもほとんど贅肉がついておらず、十年前と変わらない引き締まった体形を保っていて……そういった部分でも、私たちはいともたやすく『あの頃』のど真ん中にタイムスリップできたみたいだった。

浴槽にお湯を張りつつ、シャワーの栓をひねった私たちは、お互いの体をお湯でたっぷりと濡らしたあと、手にとったボディソープを塗りたくり合った。そしてあっという間に泡まみれになった双方のカラダを撫でまさぐり合って……。

彼の手が私の乳房をグニュグニュ、グチュグチュとスライムのように妖しく揉みたて、こねくり回し、もうすでに固く尖った乳首をニュルニュル、キュウキュウといじくりしこってきて……、

「んあぁっ、はぁっ……ひっ！　うううんん……くふぅ……」

そのとろけるような快感にうめき悶えながら、私も負けずに応えていく。

彼の適度に盛り上がった胸筋と、意外に大粒な乳首をナデナデモミモミ、コロコロしてあげながら、グググッと固くイキり、ほぼお腹と平行に垂直に立ち上がってきたペニスに下腹部をヌルヌルとこすりつけていって。

「……んくぅ……菜々緒、たまんないよ……ああ……」

私と彼の喘ぎ声が甘く混ざり合って、二人をますます淫らな空気が包んでいく。そして私たちはお互いの大事な部分に触れ合う。私はたっぷりの泡をまとった彼の固い

肉棒と張り詰めた玉袋をニチュニチュ、ヌチュチュ、ズリュズリュとしごきたて、こね転がし……彼は肉溝の中に泡が侵食しない程度にやさしく、でも適度に激しくグチュグチュグチュと私の股間をこすり立ててくれて！

「あ、ああん！　気持ちいいっ……さあ、お湯も溜まったみたいだから湯船に浸かりましょ。亮平のオチン〇ン、舐めたいの……」

実は十年前の一度きりのセックスでは、私は彼のモノをフェラチオすることができず、これが満を持してという感じだった。ザーッとシャワーでお互いの体の泡を洗い流した私たちは、お互いに向き合う格好で湯船に身を沈めると、私は彼に腰を湯面すれすれまで浮かせてもらった上で、ネッシーのようにニョッキリと姿を現した勃起ペニスを咥え込んであげた。十年分の思いの丈と、この間に学んだフェラテクのすべてを注ぎ込んで舐めて、しゃぶって！

「あ、ああ……いいよ、気持ちいいっ……な、菜々緒ォッ！」

「んぷっ、ぬぶっ、んじゅ……はぁっ、亮平のオチン〇ン、おいひぃわぁ……」

竿の表面にウネウネと太い血管を浮き立たせ、先端からジンワリと透明な粘液を滲み出させながら、ほぼ限界まで怒張している亮平のペニス……ああ、もう欲しくて欲しくてたまらないっ……！

以心伝心？　私たちは阿吽の呼吸で同時に湯船から立ち上がると浴室を出て、濡れた体を拭く間も惜しんで、二人ベッドへと倒れ込んだ。

仰向けになった私は、上から覆いかぶさった亮平を見上げながら言った。

「さっきピル飲んだから大丈夫！　亮平のオチン○ン、ナマで入れてっ！」

十年前はコンドームを使ったけど、今日はナマがいい。私が懇願すると、亮平も頷いてくれた。そしてズブズブと入ってくる熱望の肉の力感！

「あ、ああっ！　きてる……亮平のオチン○ン、私の奥まで当たってるぅ！」

「はぁ、はぁ……ああっ、菜々緒！　好きだ！　愛してるよぉっ！」

「あっ、あっ、あっ……ああ、イクイク……あぁ〜〜〜〜〜っ！」

「菜々緒ぉ！　お、俺もっ……うくぅ〜〜〜〜っ！」

次の瞬間、勢いよくほとばしり出た大量の亮平の体液が、私の胎内いっぱいを温かく満たし……私はこの上ない幸福感を味わっていた。

亮平、次会えるのはいつかなあ？　ひょっとしたらもう会えないかもしれないけど、今夜の熱い思い出を胸に、私はこの先もがんばっていけそうな気がするよ。

■私は玉木さんにペニスをしゃぶられながら、横沢さんの乳房をむさぼり……

二人の女性部下から淫靡にもてなされた悦楽送別会

投稿者 大久保雅彦（仮名）／46歳／会社員

私はある中堅商社に勤める中間管理職男性です。

二十四年前、新卒で入社して以来、優れた営業手腕ですばらしい実績を上げるわけでも、卓越した処世術で上司の覚えがめでたいわけでもなく、ただひたすらコツコツと真面目に与えられた仕事をこなしてきただけ……いわば年功序列の功労賞的に今の役職を与えられているだけという、ごくごく平凡かつ平均的な会社人間ですが、ただひとつ、自身の部下に対してだけは真摯に向き合い、彼らの成長のためによき師となるべく、そしてすべての責任を背負って傘となるべく、全力で接してきたということに関してだけは絶対の自信があり、人望も得ている自負があります。そのあたり、もともとは教師になりたかったというのも関係しているのかもしれません。

でもまさか、そんな私の人としての在り方が、あんな天国……もとい、想像だにしなかった事態を引き起こすことになろうとは……！

実は先日、私は今の本社から地方支社への赴任を命じられました。役職は一つ昇格して栄転という形にはなりますが、明らかに都落ちなので、実質的にはいわゆる『とばされた』ということになるでしょうか。当然、単身赴任です。妻に話したところ、ついてくる気はさらさらない様子……いやむしろ、その表情からは『邪魔な夫がいなくなってせいせいする』感が滲み出ているようで、おおよそわかっていたこととはいえ、なかなか寂しいものがありました。とっくに夫婦愛などないのです。今二十歳と十六の息子二人についても言わずもがな、遊びたい盛りの彼らにとっても、つまらない地方の田舎へ引っ越すなどという選択はあるはずもないでしょう。

とまあ、一番近しい家族はこんな有様でしたが、八人いる私の直属の部下たちはまるで違いました。

「課長、寂しいです！　本当にお世話になりました……」

「今の私があるのもすべて課長のおかげです。ありがとうございました！」

「課長のこと、心の底から尊敬しています……どうぞお元気で！」……等々。

率先して開いてくれた送別会で、彼ら彼女らは涙ながらに私への感謝と、惜別の想いを述べ立ててくれて、たとえその何割かが忖度めいたものだとはしても、私の心を揺さぶり、思わず目頭を熱くさせるには充分すぎるものがありました。

そしてそれはそのあと、さらに大きな驚きに満ちた、思わぬ形となって私を見舞うことになったのです。

深夜十一時すぎ、送別会の二次会もお開きとなり、皆と最後に固い握手を交わして、一人一人と別れの挨拶をしていったのですが、最後に残った二人……玉木美奈さん（仮名／三十二歳）と横沢かすみさん（仮名／三十四歳）については、そういう流れにはならず……、

「課長、まだもうちょっとお名残り惜しいです！　もしよかったら、私たち三人だけで最後の最後ということで、飲みませんか？　あ、ちなみに今私、夫とは別居中で、自由を謳歌中で〜す♪」

「そうそう！　私が住んでるマンション、実はこの近所なんです。それこそ私も今日はダンナも出張でいないので、誰に気兼ねすることなく飲めますから！　ね、行きましょうよー！」

などと言われ、さすがに私は遠慮したのですが、

「課長、私たちのこと、嫌いなんですか!?　もうさっさと帰りたい？」

「そうか、きっと奥さんが寝ないで待ってるんだ！　で、この先しばらく会えなくなるから、少しでも多く夫婦の愛を確かめたいって……」

と言って拗ねられ、可愛い部下である彼女らのことをまさか嫌いなわけはなく、そしてそれだけは絶対にない、夫婦の愛云々について思わず否定したくなったこともあり、結局、二人につきあって横沢さん宅で飲むことになりました。

しかし、やはりそれはやってはいけないことだったと、今では反省しています。いくら上司と部下という社会的には一線を引いた関係性だとはいえ、己の妻に対して少なからず不満を抱いている中年男が、魅力的な二人の人妻と密室で水入らずで酒を飲むなんて……私の理性が持ちこたえられるわけがなかったのです。

さらに夜は更けて十二時すぎ。八畳の洋間リビングの中央で、ローテーブルを囲んで三人でワインを酌み交わしていた私と玉木さんと横沢さんでしたが、だいぶ酔いが回った頃、ふと気がつくと私は両隣りを彼女たちに挟まれ、お互いの体が密着する格好になっていました。

ちょっと酩酊気味の頭で、こりゃちょっとまずいな～と思った私でしたが、左右両隣りから寄りかかってくる彼女たちのカラダの重みと温かみが心地よく、ついついそのままにしてしまいました。すると、玉木さんが言いました。

「今だから言いますけど、私、課長のことが好きでした……」

そしてそれに続いて横沢さんも、

「私も……最初は上司として尊敬するだけだったのが、だんだんそれに加えて男性的な魅力を感じるようになってきちゃって……大好きです！」

そう言うなり、がぜんしなだれかかり、私の首筋に唇を押し付け、チロチロと舌を這わせてきたんです。

「ちょ、ちょっと横沢さん、な、何をっ……？」

驚いてそれをやめさせようとした私でしたが、反対側から玉木さんが私の顔を自分のほうにグルリと向けさせて、唇にキスしてきたおかげでバランスを崩し、背中から後ろに倒れ込んでしまいました。するとすかさず横沢さんも覆いかぶさってきて、私は仰向けの状態で顔に彼女たちからキスの雨を降らされる格好に。

「……うっ、んぐっ……君たち、や、やめ……うぐっ、う、んむむ……」

「あ～ん、課長、課長！　行かないでぇっ、チュッ、チュッ、チュバッ……」

「んあっ、課長……ほんとに大好きなんですぅ……ンブッ、ンチュッ……」

私は、そうやって唇から顔全体を彼女たちのヨダレまみれにされながら、同時にネクタイをはずされ、Yシャツの前をはだけられ、白い半ソデの肌着の前をめくられると、今度は乳首攻撃にさらされることになりました。

「課長、課長……好き、好き、好き、好きぃ～～～～……」

そう言いながら、二人して私の左右の乳首をレロレロと舐め回し、チュパチュパ、チュウチュウと吸ってきて……女性二人がかりでそんなことをされるなんて生まれて初めての経験だったこともあり、私の性感はひとたまりもなく反応してしまい、ズボンの下で股間が固く熱くみなぎってくるのがわかりました。そしてそれは、妻相手には最近めっきりなくなってしまった反応でもあったので、私はとまどいつつも、嬉しい驚きに見舞われていたのでした。

（そうか……俺も相手次第では、まだまだ男だったんだな……ふふっ）

そしてそれを機に開き直ったようになり、自分からも彼女たちにむしゃぶりついてしまっていました。いつしか三人ともが全裸になり、私は玉木さんにペニスをしゃぶられながら、横沢さんの乳房をむさぼり、また玉木さんのアソコを舐めしゃぶりながら横沢さんにペニスをしごかれて……二人は私のペニスを奪い合うようにして味わい責めながら、淫らに乳房を、アソコを私のカラダに押しつけ、なすりつけてきて……私と彼女たちは、カラダ中自分たちの体液まみれになって淫らにからみ合いました。

そのうち、いよいよ昂りきった横沢さんが、仰向けになった私の股間でまっすぐに屹立するペニスにまたがって、上からズブリと咥え込んできました。そして狂ったように腰を振ると私の性感をこれでもかと搾り上げてきて……！

「あっ、ああ、課長……すごく……いいっ……！」

「ああ、横沢さん、私もとてもいいよ……あ、ああ……」

そして横沢さんが果ててしまうと、すかさず玉木さんが求めてきて、今度は正常位で正面から彼女の中に突き入れていって……！

「あ、あん、あん、あん……課長、いいっ！　大好きです～～～～っ！」

「う、ううっ……ああ、私ももう……あうっ、んぐう！」

たまらず、とうとう私も射精してしまいました。もちろん、膣外射精です。

それからしばらく、三人で名残を惜しむように睦み合い、愛撫し合いながら一時間ほどすごした後、私はタクシーで家路へとつきました。

二人の女性部下とあんなことをしてしまうなんて……上司として反省しつつも、彼女たちの熱い想いに胸震わせ、官能の悦びを反芻した私なのでした。

■彼はもう十二分に濡れとろけているソコに、バックからヌチヌチと肉棒を……

夫が眠る病室で禁断の淫乱行為に溺れたワタシ

投稿者 飯田ハナコ (仮名)/27歳/パート

ずっと胃がキリキリと痛むんだと言って、まともにものも食べられない日々が続いていた夫の啓介(三十歳)が、ある日の朝、突然喀血し、びっくりして救急車を呼んで病院で診てもらったら、重い胃潰瘍とのことで急遽手術となったときのことです。

九十分近くに及んだ手術が無事終わったあと、手術室で一時間ほど麻酔が醒めるのを待ってから個室の病室へと移ったのですが、体質的な問題なのか夫の意識はぼんやりとしたままで、目は開けているもののこちらがしゃべりかけても返事もせず、ワタシとしてはちょっと心配……でも担当医の先生は、「ま、そのうちしっかりしてきますよ。あんまり心配しないで」と、気楽な様子。

ワタシとしては一応、今夜一晩は付き添って様子を見守るつもりでしたが、いわば目を開けたまま眠っている状態の夫の様子は、なんだか怖いような不気味なような、不思議な気分でした。

そして夕方の七時頃だったでしょうか。そこへ夫の会社の先輩社員の滑川さん（三十三歳）がやってきました。ワタシも元々は同じ会社に勤め、夫とは社内結婚の寿退社で、滑川さんとも旧知の仲。それなりに親しくしていたこともあり、取り急ぎ一番最初に今回の件を滑川さんに伝え、彼のほうから社内まわりには伝達してもらったのでした。そして退勤早々、様子を見にきてくれたのです。

「いやー、急に入院なんて驚いたよ。どう、大丈夫？」

「はい、おかげさまで手術も無事……長くても十日ほどで退院できるだろうとのことです。といっても、まだ本人の意識ははっきりしてないんですけど」

「へえ、そうなんだ？　目ぇ開いてるのにね……なんか不思議だね」

「……はい……」

そんな会話を交わしながら、しばしベッドに横たわっている夫のことを眺めていたワタシたちでしたが、そのうちツツと、それまでワタシとはヒト一人分のスペースを開けて付き添い用のソファチェアーに座っていた滑川さんが、ワタシのすぐ隣りにほぼ密着する形で移動してきました。スーツを通して彼の体温の熱がじんわりと伝わってきます。

正直、ワタシはやっぱり来たか、と思いました。

実はまだワタシが独身で会社にいる頃、そのときすでに妻帯者だった滑川さんでしたが、それにも拘わらず、けっこうワタシに言い寄ってきていたんです。ワタシがもう結婚を前提に啓介と付き合っているからと言って、何度やんわりと拒絶してもしつこく……結局、そのままワタシは壽退社してしまったので、てっきり滑川さんもあきらめてくれているものと思っていたのですが……どうやら依然として、ワタシに未練があったようです。

それとも、今回の件で一気に熱がぶり返した？

ベッドの上の夫を目の前にしながら、滑川さんが囁くように言ってきました。

「ハナちゃん、ずっとオレの気持ちは変わらないよ……スキだ……」

「ちょっと滑川さん、何考えてるんですか？　ここ病室で、すぐ目の前にはワタシの夫がいるんですよ！」

ワタシも強めの囁きでなじるように言いましたが、彼は動じません。

「だからいいんじゃないか。オレももうずっとハナちゃんのことはあきらめたつもりでいたんだけど、こんなイケナイ状況で愛しいきみに再会できた瞬間に、カラダの中をこう、熱いモノがグワ～～ッ……と！　やたら興奮してきちゃったんだもの。ほらほら、ちょっとココ触ってみてよ！」

なんてことを囁き声で熱弁しながらワタシの手を摑むと、それを無理やり自分の股間へと……するともうビックリです。

ズボンの布地を突き破らんばかりの勢いで勃起したアレの、熱く強靭な存在感がビンビンにワタシの手に伝わってきて……そういえば、とワタシは当時、給湯室での同僚ＯＬたちの話を思い出していました。

『経理部の奈美が滑川さんと寝たらしいんだけど、アレがあまりに大きくて、アソコが壊れちゃうかと思ったって！』

『あ、それ沙織も言ってた！　あんなデカくて気持ちいいオチン○ン、生まれて初めてだったたってさ！　ほんとかなー？』

当時は、啓介との結婚を控えて幸せモード全開だったこともあって、まともに聞いてなかったけど、現状の、仕事にくたびれ、重い胃潰瘍にも苦しめられて、ここのところずっと心身ともに元気のなかった夫との日々に、いろいろ不満がなかったと言えばウソになるワタシとしては、がぜんある種の羨望を持ってリアルに胸に迫ってくるようでした。

「ほらほら、遠慮しないで直に触ってみなよ」

「……え、いいですよ、そんなっ…………あ！」

そして半ば無理くり触らせられた、勃起した生チ○ポは……夫のモノとは比べものにならない極太&超ロング、もちろん硬さも上質のボンレスハムのようなミッチミチに中身の詰まった重厚さで、一瞬ソレが自分の中に入ってくることを想像しただけで、思わずめまいがするほどの激熱インパクトでした。

「……あ、ああ、あぁ………」

もう興奮と感嘆の喘ぎしか出ないワタシでしたが、そこはさすがプレイボーイの滑川さん、おかまいなく手早くワタシの服を脱がすと、ブラの下からこぼれ出たナマ乳を揉みしだき、乳首をチュウチュウと吸いながら、股間を指でクチュクチュといじくりほぐしてきました。その刺激にますます喘ぎながら、ワタシも負けじと彼の生チ○ポを夢中でしごいてしまいます。

「はぁっ……いいよ、ハナちゃん……うう、たまらん……!」

「ん、んんっ……はぁっ、あん……ソ、ソコ……いいっ!」

相変わらず目を開けた状態で眠ったままの夫を前に、静謐な個室の中、ワタシと滑川さんが発する喘ぎ声と、お互いの秘部が発するネバついた淫音が徐々に高まっていって……その官能度はとうとう前戯段階を軽く超えてしまいました。

滑川さんは狭いソファチェアーからワタシを立たせると、その背もたれに手をつかせる格好にさせて、自分は背後に位置取りしました。そしてもう十二分に濡れとろけているワタシのソコに、バックからヌチヌチと肉棒をめり込ませてきて。

「あ……あひっ！　はっ、あぁ……んあぁっ……！」

「ああ、ハナちゃん……いいよ、とってもいいマ○コだ……う、しまるぅ……」

その動きは徐々に勢いとスピードを増してきて、怒濤のMAXピストンに達するのに、そうたいして時間はかかりませんでした。そしてものの三分と抜き差ししないうちにお互いの性感は限界を迎え、ワタシはひきちぎらんばかりにソファチェアーの背もたれを握りしめながらイキ果て、腰の辺りに滑川さんがたっぷりとぶちまけたザーメンの熱さを感じていたのでした。

その後、滑川さんが帰ったあと、ようやく夫が目を覚ましました。

「よかった、やっと起きたのね。手術は無事成功よ」

ワタシがそう声をかけてあげると、夫は言いました。

「ところで今、誰か来てなかった？　なんかおぼろげながら、いろんな声やら物音やら聴こえたような気がするんだけど……」

しらばっくれるのに苦労したワタシでした。

■お互いの蜜が滲み溢れ、ヌチュヌチュ、クチュクチュと淫靡な音が高まって……

裏切られた絶望の果てに咲いた女同士の悦楽の花

投稿者 三沢あかね（仮名）／30歳／パート

私は、同じアパートの隣りの部屋に住む真帆さん（三十二歳）と、親しく主婦友づきあいしてたんだけど、ついこの間、彼女との間にとんでもないことが起きちゃったんです。

彼女とは年も近く、（たぶん）ダンナの収入も似たようなもので同じ生活水準、そしてお互いに子供が欲しいのになかなかできないということで、何かと共通点が多く、けっこうホンネを言い合える間柄ってかんじで、ちょいちょい双方の家を行き来しては、楽しく茶飲み話に花を咲かせてました。

でもその日、お昼すぎの二時頃にやってきた彼女の様子は、いつもと違ってたんです。口数が少なくて、何かを思いつめてるみたいな……？

私はいつものように紅茶とお菓子を出してあげながら、さりげなく訊きました。

「真帆さん、どうかした？　何か元気ないみたいだけど……」

「え？　そ、そんなことないよ」

無理に笑うようなかんじでそう答えた彼女だったけど、そのあとすぐに見る見る表情が崩れてきて……、

「うあ～ん、あかねちゃ～ん、ううう っ、うえ～～～ん……」

とうとう声をあげて泣きだしちゃったんです。

私は慌てて、背中を撫でてなだめながらその事情を訊くと、

「うちの人、よその女との間に子供ができて……私と別れてその女と結婚したいって言いだしたの……」

と、びっくりするような答えが。

私は彼女がここまで取り乱す気持ちがよくわかりました。

自分だって子供が欲しいのはやまやまで、そのために食事とかセックスのタイミングとか、できるだけ妊娠しやすいよう工夫や努力をしてるっていうのに、それでもダメで……自分が女失格みたいな自己嫌悪と情けなさをいつも胸の内に抱えてて……なのにそんな思いも知らず、よその女を孕ませ、しかもそいつと結婚したいだなんて……そんなの、妻として完全な全否定だもの！

私はまるで自分のことのように悲しみと悔しさを共有し、言葉を尽くして彼女を慰

め、励ましました。

するど、しばらくはただ泣きじゃくるばかりの彼女だったけど、ようやく落ち着いてきたようで、

「ごめんね、あかねちゃん……こんな、いきなり取り乱しちゃって。結局あたしら夫婦の問題なんだから、自分らでカタをつけるしかないのにね。慰めてくれてありがとうね」

と、涙を拭いつつ、弱々しいながらも笑顔で言いました。

私はホッと一安心し、でももっと力づけてあげようと彼女の体を抱き寄せ、しっかりと抱きしめてあげながら言ったんです。

「うん、大丈夫だよ。私もできることなら力になるから、ね？」

「……うっ、うわぁん、ありがとう……あかねちゃん、大好きぃ〜〜〜！」

すると、再び感極まったみたいに嗚咽しながら言う真帆さんだったけど、その反応がちょっと尋常じゃなく……私のことをきつく抱きしめ返しながら、なんとむさぼるように唇を重ねてきたんです。

私はもうビックリ！

「ちょ、ちょっと真帆さん、落ち着いて、ね？　気持ちはわかったから……あ、だめ

だって……や、やめてったら……！」

彼女の唇から逃れ、必死で押し離そうとするのだけど、思いのほか強い力でそうはさせてくれようとせず、よりいっそう激しく私の唇を吸いながら、さらに舌まで入れてくるんです。そして私の舌にからめてジュルジュルと唾液を啜り上げてきて！　同時に私の体を抱きしめた手を盛んにうごめかせて、胸やお尻をまさぐろうとしてきます。

「……んあっ……は、はぁっ……や、やめっ……！　やめて、真帆さんっ……こ、こんなの、ヘンだよっ！　あん、あ、はあっ……」

私がそう、非難めいたことを言うと、急に人が変わったように、

「ヘン？　じゃあ、妻以外の女を孕ませた挙句、離婚したいなんて言ってくるのはヘンじゃないって言うの？　そんなのおかしいでしょ？　あたしは今、あかねちゃんにすごく感謝してて、その思いを態度で表したいだけ……大好きよ、あかねちゃんっ！」

真帆さんは激しくまくしたてると、私の着ているものをむしり取りながら、あらわになった素肌にキスの雨を降らせてきました。

「ああ、あかねちゃん……好き、好きよ！　ほんとにありがとう……大好き！」

ひたすらそう連呼しながら、ブラを外し乳房をむさぼるように吸い舐めてくる真帆

さんの姿を見ながら、私の気持ちもまた移ろいできました。

彼女は今、怒りと悲しみと感謝と喜びと、そして欲望と……そんな剝き身の激情がないまぜになったすべてを、私にぶつけてきているだけ。私にできるのは、そのすべてを受け止めてあげることかもしれないわ。

私は抗うのをやめ、自ら残っていた衣服を脱ぐと、真帆さんが服を脱ぐのも手伝い、二人揃って全裸になりました。窓から入る午後の柔らかい日差しが私たちのあられもない姿を照らし出し、それをキレイだなと思いました、

「あかねちゃん……」「真帆さん……」

私たちは改めて抱きしめ合うと、唇をむさぼり合い、お互いのカラダを愛撫し合いながら、さらに気持ちを高めていきました。

乳首を舐め、吸い合い、アソコに触れ、指を差し入れ合って……お互いの蜜が滲み溢れ、ヌチュヌチュ、クチュクチュと淫靡な音が高まる中、双方の息づかいは荒く、声が昂っていって……。

「あん、あふ、はぁ……ああ、いいわ、真帆さんっ……」

「んあっ、あ、あん……感じるぅ……あかねちゃん……」

そのままもつれ合うように、フローリングのダイニングからカーペット敷きのリビ

ングへと移動した私たちは、くずおれるようにそこに横たわりました。そしていわゆるシックスナインの体勢になって、お互いの性器を口でむさぼり合って。

「んぐっ、んじゅぶ、ぬぶっ……いいっ、真帆さんっ……！」

「んぐふ、ふぅ……うぶ、はぁっ、ああ……あかねちゃぁん！」

もうお互いにソコはドロドロのグチャグチャにとろけ乱れて、マジで一瞬、私、真帆さんの愛液の洪水で溺れ死んじゃうんじゃないかと思っちゃったくらい。

そうやってますます高まっていった私たちは最後、脚をからみ合わせ、お互いのアソコをこすりつけ合い、秘肉を喰い込ませ合いながら、女同士の絶頂エクスタシーの底へと沈み込んでいったんです。

結局、私と真帆さんの関係はその一回だけで、彼女は離婚して引っ越していきました。これからも連絡を取り合おうねと言い合いながら、いまだにそれは実現していませんが……今後の彼女の幸せを願うばかりの私なんです。

■私は指先で亀頭のくびれ部分を探り当てると、ゆっくり上下にしごいて……

朝の通勤バスの中で名前も知らない彼と求め合って

投稿者　菅原麻利絵（仮名）／33歳／OL

朝の七時半頃。

その日もいつも通り、バスは定刻から五分ほど遅れてバス停にやってきた。それほど混んでるわけでもないのに、何でいつもこのくらい遅れるんだろ？　なんて、いつも通り考えてもしょうがないことを考えながら私は乗り込む。

するといつも通り、いちばん後ろの席に、彼はいた。

私と目が合うと、いつも通りのやさしげな微笑を浮かべてくれて、

「おはようございます」

「おはようございます」

私たちはいつも通り、たった一言ずつ、朝の挨拶の言葉を交わし合うと、ごく自然に隣り合う席に座る。

半年前、私が二十六のときに結婚退職後、家計の事情でおよそ七年ぶりに勤めに出

始め、通勤のためにこのバスを月曜から金曜までの毎日利用するようになった当初から、同じバスに乗る彼のことを意識するようになった。

第一印象から、素敵な人だなと思った。

たぶん、自分と同じくらいの年回り。

決してイケメンってわけではないけど、やさしげな笑顔がなんともいえず魅力的で。着ているスーツも高級そうではないけどセンスよく、とても似合っていて。

そのうちほどなく目礼で挨拶を交わすようになり、さらにそのうち「おはようございます」と口に出して挨拶するようになり……そしてさらにごく自然に隣りの席に座るようになってから、もう二ヶ月ほどになるだろうか。

その間に、相変わらず挨拶以外の言葉は一言も交わしたことはないけど、次第にお互いの表情や雰囲気で、なんとなくそのときの機嫌や心情みたいなものがわかるようになってきて……あ、何かイヤなことがあったなとか、すごく嬉しいことがあったみたいとか、今日はなんかつらそう……とか。

そしてそういうものを感じ合うようになった私たちは、その都度言葉にはしないけど、目線や表情に思いをこめてそれに応じ、相手をいたわり、慰め、励まし、喜びを分かち合うようになっていって……それはシンパシー？　友情？

いえ、もはや愛情といってもいいものだったかもしれない。

そんなふうに、私たちは毎朝お互いの顔を見て無事を確認し、少しずつだけど着実に、無言の愛を育んでいったのだと思う。

だからその日も、いつも通りの彼のやさしげな笑顔を確認した私は、安心しつつ隣りの席に座ったのだけど、その後、彼の様子の急変に驚いてしまった。

どうしたんだろう？

すごい悲しそうな表情……苦しい気持ちの波動が伝わってくる。

私は精いっぱいの思いやりをこめて彼と目を見交わす。

すると彼は、これまで一度も私にしたことのない行為に及び、それこそ飛び上がらんばかりに驚いてしまった。

なんと彼は、隣りに座った私の手を握りしめてきたのだ。

（ええっ……⁉）

これまでは隣り同士に座るゆえの、せいぜいお互いの衣服を通した、かすかな体温のぬくもりを感じる程度の接触しかなかったところに、いきなり素肌同士の、しかもギュッと力のこもった接触！

もちろん、決してイヤなんかじゃない。

むしろ震えるような悦びすら感じてしまうほどの熱い感触だったけど、私は思わず探るように彼の顔を見てしまう。

そしてそこに私は確かに見た……深い悲しみか、心の痛みゆえに、私に癒しを求める彼の痛切なまでの想いを……いや、それは『欲望』と言い換えてもいいだろう。その理由などわかる由もないけど、まちがいなく彼は今までの心と心の絆から深く一歩踏み込んだ、肉体同士の愛を私に欲していた。

それがわかると、もちろん私はその心境に至った彼の尋常ではない気持ちの経緯を思い、強く同情したが、それ以上に……嬉しかった。

どうしようもなく、気も狂わんばかりに嬉しくて、私はありったけの力をこめて彼の手を握り返していた。

その瞬間、お互いの間を『欲望の同意』が電流のように走り抜け、思いはひとつになった。今この瞬間、彼は私が、私は彼が欲しかった！

そこでさりげなくバス内の周囲の状況を窺うと、幸い私たちがいる最後列の並びには誰もおらず、車内にはそれなりに乗客がいるが、立っている者は一人もいないので、皆、私たちに後頭部を見せる形で前方を向いている。

今ここで、余程のことをしない限り、誰も私たちのことを気にする者はいない。

そう確信した私たちは、いよいよ愛の行動を開始した。

私の右側に座った彼は、私の背中側から上着の内側をくぐらせるようにして左手を回すと、私のブラウスの上から左側の乳房に触れ、撫でさすりながら揉みしだき始めた。ブラジャーの障壁を感じさせないその力強い感触に、私の柔らかい乳房は敏感に反応し、乳首が痛いくらいに立ち上がってきてしまう。

私は私で、畳んで膝の上に置いていた薄手のコートを、さりげなく二人の腰から膝にかけてが隠れるように広げ覆って一応目隠しを作ると、彼のズボンの股間部分に触れ、さすり揉んで刺激を与えていく。するとそこはすぐに反応し固く盛り上がってきて、私はすかさずチャックを下げ、下着の前部分をこじ開けると、彼の立派に勃起したペニスを取り出してあげる。その突き上がりが私のコートの布地を持ち上げているけど、よもや周囲に気づかれるほどのものではないだろう。

そして指先で亀頭のくびれ部分を探り当てると、そこを中心にゆっくり上下にしごいてあげた。すると途端に先端が湿り、私の指先を気持ちサラッとした粘液が濡らしていく。

彼は息づかいを荒げながらも、負けじと私のコートの下に右手をくぐらせると、膝丈のスカートをめくり上げて太腿の奥のほうへと這い潜らせていく。そしてパンストをこじ開けるようにして私の股間の茂みに直に触れてきて、その中にある赤い肉裂をまさぐってくる。左手は相変わらず私の左乳を愛撫しているままなので、ダブルで襲いかかってくる快感が、さらに二倍、三倍と増幅されていくよう。

コートの下からクチュクチュという私の淫らな音が洩れ聞こえてきて、周りにまで聞こえるはずはないと思いながらも、羞恥の炎に煽られるようにますます興奮は高まってしまう。それと共に、自ずと彼のペニスをしごき立てる手にも力がこもってしまう。

ジュクジュク、ニチュニチュ、ジュプ、クチュクチュ、ヌプヌプ……お互いの淫音が混ざり合い、昂り合い、呼応し合って……ついに彼は私の手の中に熱いほとばしりを炸裂させ、私も無言で絶頂の淵に押しやられていた。

そして私たちはしばし、満足げにとろけた視線をからませていたけど、ちょうどそのタイミングで、バスは終点である駅前に到着していた。

正確には、その日彼の心中に何があって私を欲してきたのか、未だにわからずじまいだけど、それで彼の心身が癒されてくれたのなら、私は何の文句もない。

私たちの心の通勤バス不倫は、この先も続いていくだろう。

■私の股間の淫らなナマ肉をクチュクチュといじりながらジュンくんは……

お気に入りの美容師とMっけ炸裂マル秘プレイ!

投稿者 米山亜依子(仮名)/25歳/歯科助手

私、美容院でリクライニングのシャンプー台に寝そべって、美容師さんに頭を洗ってもらうのが大好き! なんでそんなに好きかっていうと、私、歯科助手っていう職業柄、医院で診察台(専門用語では歯科用ユニットと呼ばれます)に横になって診察を受ける患者さんを、もっぱら上から見下ろすばっかりなんだけど、その行為ってなんかSっぽいと思いませんか? 実は私は逆にちょっとMっけがあるもので、常日頃先生の診察を手伝いながら、そうやって見下ろされてる患者さんに対して内心「いいな~」なんてうらやましがってる始末で……私自身は自分の歯に何ひとつ不具合がないもので、歯科の診察を受けることもほとんどなく……それと似たような形でMっけを刺激してくれるのが、美容院でのシャンプータイムっていうわけなんです。

そんな私に、ある日夢のような出来事が起こりました。

その日は土日祝日とは別に週に一回ある医院の休診日で、私は夫を勤めに送り出したあと家事を済ませ、ランチがてらウインドーショッピングでも楽しもうと駅前の繁華街まで出かけました。

美味しいパスタに満足したあと、服やバッグなどアレコレと見て回ってたんですが、ふと急に「髪を切りたい！」と思い立ちました。そんなに伸びてるわけでもなかったけど、とにかくそんな気分になっちゃったんです。

で、そこからすぐのところにある、いつもの行きつけの美容室に行くと、私が必ず指名するお気に入りの男性美容師のジュンくん（26）が、申し訳なさそうに、

「亜依子さん、すみません……今日、予約でいっぱいなんですよ」

と……くそっ、やっぱりかと残念がる私。ところが彼は続けて、

「でも、営業時間後の九時ぐらいだったら、亜依子さんのために特別にやらしてもらいますけど……どうします？　遅すぎます？」

と、声をひそめて言ってきたんです。

どうやら他のスタッフには内緒で、一対一でということのようでした。

そういえばたしか今日は、夫も飲み会で帰りが午前様って言ってたっけ……よし、大丈夫！　お願いしちゃおうっと！

私はジュンくんの提案に乗ることにしたんです。

そして夜の九時、一旦帰宅してアレコレと雑事をこなし、夕飯を食べ終えた私が再度お店を訪ねると、もう外観の灯りは暗く落とされていて、店内にはジュンくん一人だけでした。私を出迎えながら彼が言いました。

「いらっしゃいませ、亜依子さん。いやあ、なんかお店にボクら二人だけだなんて、ちょっとドキドキしますね」

それまで何とも思っていなかったのに、そう言われるとホントにドキドキしてきちゃいました。

まずは軽く頭を流してから、ジュンくんは私にカットを施してくれました。彼のいつもながらの巧みで軽快な手さばきと、センスのいいカッティングに惚れ惚れしながら、私は鏡の中の自分の姿を見つめていました。

そしてカットが終わり、私が満足げに頷くと、「はい、それじゃあ髪の毛流しましょうね」と言って、再び彼は私をシャンプー台に促しました。

でも、私がそこに横たわると、彼は意外なことに定番のフェイスガーゼで顔を覆わないまま、私の頭をシャワーで流し始めたんです。「おや?」と思いながらも、あえて何も言わないでいると、そのうち彼がこんなことを言ってきました。

「今日の亜依子さん、なんか妙にキレイですね」

思わぬ言葉に、は？　と呆けたようになっている私を、ジュンくんは妖しげな笑みを浮かべながら見下ろしてきました。天井からの照明の光を彼の体が遮って私の上に影を落とし、逆光で暗くなった彼の顔の中で、さらにその笑みは妖しさを通り越して淫らに歪んでくるようでした。

ゾクゾクゾクッ………！

がぜん私のMっけが刺激され、えも言われぬ甘美な戦慄が全身を走り抜けました。

そんな私の内実を知ってか知らずか、彼はさらに「亜依子さん、キスしてもいい？」と訊きながら、上から顔を近づけてきて……私はろくに返事もできないまま、加速するMっけの渦の中で、彼の唇を受け入れていました。

「……んんっ、うぐぅ……うう、う、ふぅうっ……」

やがて唇を割って彼の舌が口内に入り込んでくると、チュプチュプと舌をからめ吸われながら、台上で自由を奪われ征服されたような服従感に、いよいよ私のマゾ性感が感応し始めてきてしまいました。

「んじゅぷ……じゅる、じゅぶじゅぶ……ぬちょ、うう……はあぁぁ……」

今や臆面もなく悶え喘ぐ私の様を見てか、ジュンくんは完全にシャンプーする手を止めてしまい、こう耳元で囁いてきました。

「ボク、ずっと亜依子さんにこうしたかったんだ……このまま続けてもいい？　イヤだったらやめるけど……？」

「……いやあん、やめないでえっ！」

もちろん私はそう答え、彼のSっけたっぷりの問いかけに、ますますMっけ爆上がり！　もっといじめてと言わんばかりに身をクネらせてしまいます。

私の返事を聞いた彼はニンマリと口角を上げると、私のベージュのニットを胸上までめくり上げてきて、ブラ姿があらわになりました。そしてフロントホックを外されると、生オッパイが露出されて……。

「うわっ、亜依子さん、意外と乳輪が大きいんだ！　乳首周辺のプツプツもけっこう大粒だし……なんか意外だなあ」

ひぃぃっ、恥ずかしい～～っ！

彼の言葉責め的セリフに煽られた羞恥心によってさらに性感が刺激されたところに、ツン、と直に乳首に触れられて……ビリビリと電流が走ったような刺激的カイカンが襲いかかってきました。

「あひぃっ！　ひっ、ひぃ……あ、あああん……！」

たまらず私が背をのけ反らせて悶えると、今度は膝丈のタイトスカートの中に彼の手が潜り込んできて、黒いストッキングごと紫色のショーツを引きずり下ろされてしまいました。それは右脚のほうだけすべて抜き取られ、これで私の両脚はアソコをあられもなくさらしながら、左右に大きく開くことができる状態になってしまったわけです。

ソコに手を突っ込み、私の股間の淫らなナマ肉をクチュクチュといじりながら、ジュンくんは言いました。

「ボクのチ〇ポ、舐めたい？」

「は、はいっ！　いっぱい舐めたいですぅ～～～……」

Mっけが高まりまくった挙句、今や私はご主人様に仕える女奴隷のような口調になってしまいました。我ながらなかなかイイ感じの変態です。

「しょうがないなぁ～……はい、たっぷりしゃぶりな！」

彼は下だけ裸になると、シャンプー台に横たわったままの私の顔のすぐ横に、すでにまあ大きくなったチ〇ポを突き出してきました。私はもちろん躊躇なくそれに喰らいつくと、横向きに顔を前後させて、ジュブジュブ、チュパチュパと無我夢中でしゃぶり始めました。

「う、ううっ……ああ、いい気持ちだ……」

彼はそう声を上ずらせながら、さらに私のアソコへの指づかいを淫らに激しくさせてきて……グチャグチャ、ヌプヌプと啼き喚く自分のマ○コの声を聞きながら、私の昂りは頂点を迎えようとしていました。すると次の瞬間、私の口からフル勃起したチ○ポを抜いた彼が、シャンプー台の上にひらりと乗り上がると、私の両脚を左右に開き、抱え上げるようにしてナマ挿入してきました。

ああ、ナマはマズイなあ……と思いながらも、そのイケナイ感もまたMっけを刺激し、より興奮し、感じまくりながら、ジュンくんの激しいファックを存分に愉しんだのでした。

「あ、ああっ……も、もう、出るっ……うぐ！」

「あひぃ！　イクイク……イキますぅ〜〜〜っ！」

でも最後、彼はちゃんと膣外射精してくれて、事なきを得たって感じです。

その後改めてシャンプーとブローをしてもらい、カットの出来栄えに大満足しながら家に帰った私。思いがけないジュンくんとのエッチだったけど、こっちも満足過ぎて、クセになっちゃいそうです。

■部長は文字通りあけっぴろげのオマ○コにチュパ～ッと吸いついてきて……

抜けるような青空の下でアオカン社内不倫快感に悶えて

投稿者 落合綾乃（仮名）／30歳／派遣社員

小さな食品会社の事務職として働いている、派遣社員の私。

実は、経理部長の原さん（四十三歳）と不倫の関係にある。

原さんはハゲでデブの冴えない中年オヤジで、本来なら私の一番キライなタイプとあって、普通にしてたら絶対にそんな関係になるべくもない相手なんだけど、実はその馴れ初めはワケありで……私が会社の売り上げについて数十万円単位の計算まちがいをしてしまい、そのままほっといたら会社は丸々その分損失を負い、私は自分が責任をとらされるだけでなく、私が登録している派遣会社の信用まで落としてしまうことになっちゃうという絶体絶命状態だったところを、原さんがうまいこと立ち回って無かったことにしてくれたの。

で、その見返りとして彼から肉体関係を求められた私は、当然断れるわけもなく、それ見た目とはちがって意外に立派なその巨チンを突っ込まれてヒィヒィ言わされ、それ以来、ズルズルと関係が続いちゃってるかんじ。

　ほら、私のダンナって、そのイケてる見た目とちがってお粗末なオチン〇ンなもので（って、知らないか！／笑）、その満たされない夫婦関係を原さんとの不倫エッチで埋めてるみたいなかんじかなあ？

　とはいうものの、そういう関係になってから、もうかれこれ半年……月三、四回のペースでエッチしてると、本来なら背徳の興奮に満ちたスリリングな快感が楽しめるだろうところ、だんだんマンネリ化して倦怠期みたいになってきちゃうのは避けられないところ。

　で、ある日、私、原さんに言っちゃったのね。

「ねえ、部長。私たち、そろそろ終わりにしません？　なんか最近、部長としててもあんまりよくなくって……そりゃ毎回毎回、もう何十回もおんなじホテルで普通にヤッてるだけじゃ、そうなっても仕方ないですよねえ？」

と、ほんとはまだまだ原さんの巨チンと離れがたいところ、ちょっぴり意地悪なかんじで。そしたら原さん、目に見えてうろたえちゃって。

「ちょ、ちょっとちょっと、落合くぅん、そんなつれないこと言わないでよお。たまにお小遣いもあげてるじゃないの！　オレはまだまだキミとヤリ足りないんだよお……ねえ、頼むから『終わり』とか、もう言わないでよお！」

私は、一度写真で見せてもらったことのある、原さんの奥さんのメイク前のお笑い芸人の大久佳○子みたいなご面相を思い出しながら、そりゃそうでしょうね～と内心笑いつつ、こう言ったの。

「じゃあ、次ヤルとき、マンネリ感なんか吹き飛ぶような新鮮カイカンHで私のこと満足させてくださいよ。そしたら、その先のことも考え直してあげなくもないですよお？」

そしたら原さん、困ったような顔してたけど、私は構わず『バイバ～イ』って言うクチ真似だけして、手を振りながらホテルの部屋を出てったのね。まあ私としては、これで少しでも二人の不倫エッチに工夫を凝らしてくれたらいいなあ、ぐらいの軽い気持ちだったんだけど、結果、原さんが提案してきた大胆すぎるアイデアに度肝を抜かしちゃった！

そしていよいよその次、彼が逢引きの日として指定してきたのは何と土曜日、しかも場所は会社でということで、私としては「何それ？」新鮮カイカンどころか、切羽詰まってホテル代を浮かそうとでもいうわけ？　ってかんじだったわ。

でもまあ、あっちがそんな腑抜けたつもりなら仕方ない。

私はいよいよ引導を渡してやるべく、言われたとおりの日時に誰もいない会社に向かい、原さんと待ち合わせたってわけ。

すると、連れていかれたのは屋上だった。

会社は雑居ビルの1フロアをテナントとして借りてたんだけど、原さんは本来なら立ち入り禁止の屋上に通じるドアの鍵を、何らかの方法で借り出したらしい。

時は十一月の初旬。天気は快晴でポカポカと暖かく、十階建てのビルの屋上は、いるだけで爽快な気分だった。

で、そこで原さんはこう言ったわけ。

「さあ、落合くん、ここでヤろう！」

そして自分からそそくさと服を脱ぎ始めて……私はまさか、真昼間からビルの屋上でアオカンだなんて想像もしてなくてさすがに焦ったけど、確かにこのビルの周囲には、半径五十～六十メートル四方に渡ってここより高いビルはなく、ヘリコプターでもない限り誰かに見られる心配もないし、実際に気分がいいのは本当で……だんだん、ヤッてもいいかも？　って思い始めちゃった。で、とうとう、

「オッケー！　ヤリましょっ！」

って応えると、服を脱いで素っ裸になって……う～ん、さんさんと降り注ぐ太陽の

下でマッパだなんて、サイコーに気持ちいい〜〜〜っ！

全裸になった私たちは、原さんが携えてきた厚手のレジャーシートをコンクリの上に敷くと、そこに寝転んでからみ合った。最初、原さんが私のオッパイをペロペロ舐めて味わって、たっぷりと感じさせてくれたあと、続いて顔を下のほうにずらし下げていくと、今度は文字通りあけっぴろげの私のオマ◯コにチュパ〜ッと吸いついてきて……もうとっくにヌレヌレのグチョグチョになってたソコは、原さんに繰り返し吸引されるたびにジュルジュル、ピチャピチャとイヤラシイ音を立てて悶え啼いて……。

「んあぁっ、あふぅん……いい、いいわぁ……ああん、部長、感じるぅ〜〜！」

「ああ、落合くん、今日のマ◯コ汁、一段と甘くておいしいよ！」

「ああん、部長〜〜〜っ！　アタシもアタシもぉ〜〜〜っ！」

私はたまらずそう言うと、カラダをグルリと方向転換させて、原さんの巨チンに向き合う格好になって、これでシックスナイン体勢が完成。ああ、降り注ぐ明るい陽光の下で見る巨チンが、こんなに雄々しくすばらしいものだなんて！　私はその雄姿に感動すら覚えながら咥え込むと、いつもの何倍も激しくしゃぶり立て、啜り上げてた。原さんの口からオマ◯コに注ぎ込まれる快感も、いつにも増して魅惑的で、もうとろけちゃいそう！

「あぁん、部長……なんかすっごい気持ちいいです～～～っ！」

「ああ、落合くん、オ、オレもだよぉ……もう、チ○ポ限界だぁ～～っ！」

原さんはそう一声大きく叫ぶと、正常位の体勢になって、いつもに比べて何倍にも立派に見える巨チンを私のヌレヌレマ○コにぶち込んできた。

「ひっ、ひぃっ……す、すごい……私、壊れちゃうぅ～～～！」

「んくぅっ……落合くんのマ○コ締まりもすごいよぉっ！　ああっ、チ○ポもう爆発しちゃいそうっ！　あひぃっ！」

仰向けになってガンガン突かれてる私が、感じ悶えながら抜けるような青空を見上げると、何羽かの鳥が飛んでて、まるでこっちのことを見下ろしているかのようだった。とか思ってたら、にわかに絶頂が押し寄せてきて、私は今まで出したことのないような大声で、オーガズムの絶叫を発していた。

なんかさっきの鳥たちも驚いて逃げちゃったみたい。

私は陶然として青空を見上げながら、もうちょっと部長と付き合ってあげてもいいかなって思ってたの。

第四章

今年最高に蕩けた不倫体験

■頭はぼーっと、目もとろんとしてくるのに、それに反してカラダは熱く火照り……

高齢男性のスペシャル媚薬プレイでエンドレス昇天！

投稿者 中山美沙（仮名）／25歳／アルバイト

つい去年まで商社でOLをしていましたが、職場結婚を機に退職、今は家から近く時間の融通もきく街の花屋でアルバイトしてます。

基本的な勤務シフトは、月・水・金の正午から終業の夜七時までという感じになっているので、大体そのパターンで一ヶ月も働いていると、それなりに馴染みのお客さんも増えてきました。

毎週金曜日になると必ず、一万円レベルの豪華な花束を頼みに来る林さんという老紳士もそんな一人でした。こちらが聞くともなく話してくれたのは、三年前に病気で亡くなった奥さんと初めてデートしたのが金曜日だったということで、毎週金曜の夜には奥さんの写真に花を供え、夫婦の思い出を偲んで乾杯するのだと……七十三歳にしてそんな奥さん想いでロマンチック、そして仕立てのいい服をサラッと着こなすオシャレでダンディな林さんに、私はとりわけ好感を抱いていました。

そしてつい先週の金曜日のことです。いつものように私に一万円分の花束のアレンジメントを頼んできた林さんでしたが、私の顔色と受け答えの反応を窺うや、こんなことを言ってきました。

「美沙ちゃん、何か悲しいことや、つらいことでもあった？　私でよければ相談に乗るけど……話してみないかい？」

図星でした。

実はここ最近、夫の仕事が忙しすぎて、まだ新婚だというのに夫婦の時間がまったくとれず、私は心身ともに欲求不満で……思い切ってその不平不満を夫に訴えると、逆ギレした挙句家を出て行ってしまったのです。そのままもう丸三日、帰ってきていませんでした。

その頃にはもうそれなりに林さんに心を許していた私は、退勤時間を待って林さんに話を聞いてもらうことにしました。他の誰にも言えないけど、なぜか林さんにならすべてを吐き出して、スッキリできそうな気がして。

「よし、じゃあ家へおいで。私も一人住まいで気楽だし、そのほうが落ち着いて話せると思うから。ね？」

相手が高齢ということもあってさほど警戒心もなく、私は素直に従いました。

八時少し前に伺った林さんの自宅は、八十坪はありそうな広い区画に建つ、瀟洒な洋館でした。築年数はかなり経っていそうですが、古臭いというよりもアンティークで素敵な佇まいといった趣でした。

その、これまた素敵な調度品の数々に囲まれた居間で、私は林さんがいれてくれた紅茶をいただきながら、彼の聞き上手さもあって、ここ数日の夫との一連の経緯と、それにまつわるつらく悲しい思いの丈のすべてを話しました。

そしてそうするうちにどんどん感情が昂った挙句、思わず声が上ずり涙ぐんできてしまって……。

「それはつらかったねえ、かわいそうに……」

林さんはそうやさしく言いながら、居間の隅にある香炉のようなものに火を入れると、私の肩を抱いて慰めてくれました。

「ご主人も仕事で大変だとは思うけど、今のままじゃ何のために結婚したのかわからないものね。美沙ちゃん、こんなにかわいいのに……」

耳心地のいい林さんの低音ボイスに耳朶をくすぐられ、抱いた肩をやさしく撫でられていると、だんだんえも言われず甘く複雑な香りが漂ってきて……さっき火が入れられた香炉からのものと思われるそれは、同時にどうしようもなく私の気分を淫らに沸き立たせてくるようでした。

（えっ、何これ？　何だかすっごいおかしな気分になっちゃう……）

頭はぼーっと、目もとろんとしてくるのに、それに反してカラダは熱く火照り、乳首とか、アソコとか……敏感な部分はズキズキ、ドクドクと自分でも怖くなるくらいに激しく脈打ってくるようでした。

「は、林さん……あ、あたし、何だかヘン……あぁっ……」

「大丈夫、大丈夫。そのままリラックスして私にすべて任せれば、とってもきもちよく、スッキリとさせてあげるから……」

私の全身は今やすっかり脱力し、でも感覚は鋭敏になって、林さんが触れてくるすべての部分が甘く痺れたようにゾクゾクと反応してしまうのです。

豪華なソファに私と横並びで座った林さんは、耳朶に息を吹きかけながら私の服を脱がしにかかりました。ウールのセーターを脱がし、チェックのネルシャツのボタンを一つ一つ外していって……、

「……あっ、ダメ、林さん、恥ずかしいっ……」

「大丈夫だって、私に任せれば悪いようにはしないから……ね？」

と、とうとうすべて脱がされ、生まれたままの姿にされてしまいました。

私は朦朧とする頭の中で、(ああ、私、このまま林さんに犯されちゃうのかな……林さん、七十三歳なのにスゴイな……)なんてことを考えていましたが、まるでそれに答えるかのように彼が言いました。

「では、美沙ちゃんの満たされない心とカラダを、私の自慢のムスコで気持ちよく癒してあげるとするか……なんて、できないのが、残念!」

(えっ……?)

「悲しいことに、本当は妻が死ぬ前から、とっくにアッチのほうは役立たずなんだ。クスリを使おうにも、私は心臓も悪くてそっちもNGでね。道具はキライだから、美沙ちゃんを愛してあげられるのは、この口と指だけというわけさ」

(そうだったんだ……正直、ちょっとガッカリ。よく聞く、実は精力絶倫のおじいちゃんっていうのを期待してたのに……)

「でも安心して。この部屋中に立ち込めてる甘美な香り……実は私が密かに中国から輸入してる特殊な媚薬を含んだお香なんだ。もうわかってると思うけど、これを吸うとたちまち欲情する上に、さらにエッチな刺激に対する性感が二倍にも三倍にも増幅されて……口と指だけでも、ホンモノのムスコ以上に美沙ちゃんを悦ばせてあげられることを保証するよ」

（あらまあ！　ホ、ホントにぃ……？）

林さんの言葉をにわかには信じられない私でしたが、その疑念は一瞬にして吹き飛ばされました。彼の手で乳房を揉まれ、乳首が唇に含まれて吸われるや否や、信じられないほど強烈な快感が襲いかかってきたからです。

「んあっ、ああっ！　はぁっ……何これ、スゴ～～イ！　感じる～～～！」

私は身をのけ反らせて乱れ悶え、あられもない嬌声をあげていました。本当にそれは、これまでの人生で味わってきたどんなセックスよりも気持ちよくて、私は気も狂わんばかりにヨガってしまったんです。

「ほらほら、言ったとおりだろう？　この怖いぐらいの乳首の尖り具合を見れば、美沙ちゃんのとんでもない気持ちよさがわかるってものだ。さあ、それじゃあこれから、このかわいいオマ○コを可愛がってあげたら、どれほど気持ちいいだろうね～～～？」

一瞬にして欲情メーターの針が大きく振り切った挙句、なんと、私は林さんに言葉でそう煽られただけでイッてしまいました。そして続いて林さんからの刺激を待ちわびるかのように、『早く、早くぅ！』と、オマ○コが熱く淫らに沸騰しまくります。

そしてついに……、

「さあ美沙ちゃん、思いっきり感じて、死ぬほどイキまくって……つらいこと、悲しいこと、いやなこと、ぜ~んぶ忘れておくれ！」

そう高らかな宣言のあと、林さんは指と口を同時に駆使してオマ○コを責め立て始めました。舌先がクリトリスをクチュクチュ、コロコロとねぶり転がし、ワレメの肉ひだをチュパチュパ、ジュルジュルと舐め啜り、中指と人差し指と薬指がズッチャ、ヌッチャ、ヌププとえぐり掻き回して……！

「ひあぁっ、あうっ、ひゃん！　あっ、あっ、あぁっ……んぐぅ、うっ、くはぁ！　あああ、あっ……あん、あん、あん……あひぃ～～～～～っ！」

これまで聞いたこともない、自分でも信じられないようなケダモノじみた喜悦の悲鳴をあげながら、私は数えきれないほどイキまくり、弾けまくり……そしてキレイさっぱり、真っ白に燃え尽きました。

おかげで夫とのことも、なるようになれと開き直ることができました。

そして密かにまた今週、林さんが誘ってくれないかと期待しているんです。

■彼は大きく膨張した亀頭の先端をうごめかせて私のアソコを刺激してきて……

同じ団地の隣りの部屋同士、キリがないカイカン泥沼！

投稿者 吉住真理亜（仮名）／33歳／専業主婦

小学二年生の息子を学校へ、夫を会社へ送り出し、洗濯や掃除などひと通り家事を済ませ、一人朝昼兼用の軽い食事を終えた十一時半頃、私は出かける準備をして玄関ドアを出ました。今日は夫の給料日なので銀行へ行き、いくつかの払い込みをしたり備品の買い物をしたりと、一ヶ月の中でも指折りになかなか忙しい日なんです。

でも、団地の共用部分である廊下に出た途端、思わぬ事態に出くわし、ギョッとしてしまいました。誰かがそこにうずくまっていたんです。

「えっ⁉」と思い、恐る恐る顔を覗き込むと、それはお隣りの佐藤さんのご主人でした。それほど多く顔を合わせたことがあるわけではありませんが、たしか私と同年代の人だったと思います。そういえば、コロナ禍を機に勤め先が完全リモートに移行して、ずっと家にいるのよと、奥さんが言っていたっけ……彼女のほうとはまあまあ親しくしているので、少し前に交わした会話を思い出していました。この時間はうちと同様、娘さんは学校へ、彼女はパートへ出ていて家にはいないはずです。

とりあえず、尋常ではない様子のご主人をほっておくわけにもいきません。うずくまる彼の脇に膝をつき、「どうなさったんですか？」と訊ねるのですが、苦しそうに「ううう……」とうなるだけで埒が明きません。私は仕方なく彼を支えて立たせ、まだ鍵を掛けていなかった自宅ドアを開けて室内へと連れ入れました。入ってすぐのダイニングの椅子に座らせて、少し休んでもらえば状態もよくなるかと思ったんです。

「大丈夫ですか？　はいこれ、お水飲んでください」

ぐったり座るご主人にグラスを渡すと、何とか口に運び、ひと口、ふた口と飲むうちに、ようやく少し落ち着いてくれたようでした。

「いや奥さん、すみません。出かけようと外に出た途端、急に激しいめまいに襲われてしまって……たまにあるんですよ。ほんとありがとうございます」

だいぶ回復してくれたようでホッとしましたが、一方で私は早く出かけたくてちょっと焦っていました。前述のようにけっこう立て込んでいたので……。

「あの、もう大丈夫なようであれば、そろそろ……私もこれから色々用事があるもので……」それとなく出て行ってくれるよう催促したのですが、彼はなぜか黙り込んでしまいました。そして怪訝な思いで私が見つめる中、優に一分ほども経った頃、よう

やく返事をしてくれたのですが……、

「それが……全然大丈夫じゃないんです。奥さんのことを考えると、なぜかいつもコが痛いくらいいきり立って、もう抑えが利かなくなっちゃって……」

彼の言う意味がわからず、私は「は？」と訊き直しました。すると、彼はそれまで伏せていた顔をバッと上げて、正面から私の目を見つめると、

「奥さんを犯したくて犯したくて、しょうがないんだ！　そのでかくて柔らかそうな胸を揉みくちゃにして、ムッチリとした太腿をおっ広げさせて俺のガッチガチのチ〇ポを突っ込みたいんだよっ！」

と、とんでもない暴言を吐きながら席を立ち、いきなり私に襲いかかってきたんです。そして慌てて逃れようと背を向けた私を後ろから羽交い絞めにしながら、「きゃっ……」と叫びかけた私の口の中に、手近にあったタオルを突っ込んできました。

「……んぐっ、ぐふぅ……う、ううう……！」と、私はくぐもったうめき声しか発せられないようになってしまいました。

「ハァ、ハァ、ハァ、ハァッ……奥さんっ！　ああ、やっぱりすごい胸だっ……た、たまんねえっ！」

ご主人は背後から私を抱きすくめつつ、ものすごい力で乳房を揉みくちゃにしてき

ました。ブラジャー越しにきつく食い込むその剛力は、私に激痛しかもたらしませんでしたが、その、夫との平穏な夫婦生活では絶対に感じることのないだろう痛烈な刺激は、一方で私に、ある種の抗いがたい興奮をもたらしたことは否定できませんでした。

荒ぶる一方の彼の欲望は、ついに私の服を引き剝がし、ブラジャーも剝ぎ取ってナマ乳に襲いかかってきました。いよいよダイレクトな揉みしだきの迫力は、ブラ越しの何倍もの刺激を、興奮を私に注ぎ込んできてっ……！

「んんんっ！　んぐっ、うぐふぅ……んっ、んっ、んっ……ぐふ～～～！」

私の全身を怒濤のように熱い血流が駆け巡り、意識が朦朧と揺らいだかと思うと、カーッと燃えるような昂りがせり上がってきました。

「ああ、ああっ、奥さん、奥さんっ……ずっとヤリたかったんだぁ～～～！」

ご主人の手はいよいよ私の下半身に及び、パンツを脱がせると、引きむしるようにショーツも剝ぎ取られてしまいました。今や私が身に着けているのは靴下のみ。そんなあられもない姿でダイニングの床に押し倒されると、上から彼が覆いかぶさり、まるで食いちぎらんばかりの勢いでナマ乳をむさぼり、舐め吸ってきました。乳房全体から乳首の中心にかけてジンジン、ズキズキと走る激痛が、荒々しい刺激が、次第に甘く、とろけるような感覚に変わっていくのがわかりました。

「……んっ……んふぅぅ……はっ、んはっ……う、うくぅ……」

　自然と私が発するうめき声も上ずるようにかすれて、それに応じてご主人の行為も荒っぽいだけでなく、淫靡な空気をまとっていくようでした。

「もうずっと、家で仕事しながら、来る日も来る日も奥さんの生活パターンを把握していって……いつかこうしてやろうと狙ってたんだ。仮病の芝居ができるかどうか心配だったけど、案外うまかっただろ？」

　彼は笑みさえ浮かべながら、カチャカチャとズボンのベルトを外し始めました。そしてチャックを下げ、下着ごと引き下ろし、下半身丸出しになりました。その股間から屹立する男根は、彼自身の荒ぶる欲望を体現するかのように、恐ろしいまでの大きさに張り詰め、ビクビクと身を震わせていました。それを目にした瞬間、私の中でも完全に『恐れ』から『期待』へと……モードが切り替わったようでした。

　彼はその怒張の根元を握り込むと、大きく膨張した亀頭の先端をうごめかせて私のアソコを刺激してきました。クリちゃんをツンツン、クニュクニュ、ヴァギナの入り口をススス……と。するとソコはあっという間に淫らな蜜で溢れ、ぬかるんでいき、彼が男根を動かすたびにヌルヌルと妖しくぬめり濡れるのです。

「んんっ……んふぅぅ……くうぅぅ……」

「ああ、奥さんのココも、もうこんなにスケベな汁を垂れ流して欲しがってる。俺のチ○ポが、太くて長くて固いヤツが欲しいんだよな？　だろ？」

彼のイヤラシイ問いかけに、私は思わず頷いてしまっていました。

そして入ってきた男根の感触はもう最高で、私は自ら狂ったように腰を跳ね上げて、その挿入感をむさぼってしまいました。

「ああ、奥さん、サイコーだっ！　くう……イク～～～！」

「……んふっ、くう、ふぅ、ううう～～～～っ！」

こうして始まってしまった、同じ団地の隣りの部屋同士でのヒミツの関係……あまりにも手軽にヤレすぎて、キリがなくて困ってるんです。

■彼はワタシの濡れた穴の入り口に極限まで膨張したオチン○ンの先端を……

捕まえた万引きイケメンとカイカン贖罪セックス！

投稿者　秋元ともか（仮名）／28歳／パート

ベタだけど、週に四日、だいたい四～五時間ぐらい、近所のスーパーでパート勤めしてる。基本はレジ打ちメインだけど、時には店内を巡回しての欠品チェック＆商品補充なんかもする。

で、その日は後者のほうの人員が足りなくて、ワタシがタブレット片手に商品棚を見て回ることに。そしたらなんと、密かにワタシのイチバンお気に入りのお客さんである『リョウ君』が来てるじゃないの！

あ、ちなみに彼の本当の名前なんか知ってるワケもなくて、今やドラマに映画にCMにと大活躍中のイケメン俳優・吉○亮に似てるから、ワタシが勝手にリョウ君呼ばわりしてるだけなんだけどね。

彼、どうやらこの近くの工場で働いてるらしくて、いつもだいたい今のこの時間……夕方の五時半頃、私服の帰り支度モードでここに買い物に来るんだけど、買っていくものといえば大抵、お弁当とかお惣菜とかスナック菓子とか、いかにも独身の一人暮らしといった風情で……年も私より三つ四つは若そうだから、なんかそんな侘しい青春感もちょっとグッときちゃうのよね。たまにいない？　その気になれば女の子入れ食い状態になるような素材（イケメン）を持っていながら、性格が地味で宝の持ち腐れになってる男子……そんな感じ？

なんてこととか勝手に色々想像しながら、ワタシはリョウ君の姿を見かけるたびに胸をキュンとさせてたわけだけど、そのとき、信じられない現場を目撃しちゃったの！　なんと彼、棚から取ったツナ缶をそのままリュックの中に……。

ま、まさか……万引き⁉

ドギマギしちゃったワタシだけど、いやいや、このまま店外に出ない限り、まだ犯行は成立しないわ、と自分に言い聞かせ、彼のその後の動向を追ったわけ。が、残念なことに彼はレジで精算しないままに店外へ……はい、万引き成立！

さて、どうしようか？

さっさと担当者に報告して警察に突き出すか、それとも……？

え？　それとも……って、他にいったいどんな選択肢があるのかって？

そりゃもちろん、『交換条件』ってヤツよ。

警察に突き出されたくなかったら、ワタシのいうこと聞きなさい、ってね。

で結局、ただいま夫とは絶賛セックスレス中につき欲求不満状態だったワタシは、マッハでリョウ君を追いかけ、店の敷地を出ようとしてるところを寸前で確保！　リュックの中の未精算のツナ缶を確認し、免許証を預かると言ったの。

「警察に突き出されたくなかったら、ワタシとエッチしなさい」

彼は顔面蒼白になりながら頷き、自分の一人暮らしのアパートの住所を教えると、ワタシは退勤後そこへ向かい、夜の八時すぎ、一階角部屋のピンポンを鳴らしたの。どうせ夫は今日も帰宅は午前様だろうから、ぜんぜん平気。

六畳一間とキッチンにユニットバスという、ありがちな造りのそこは、彼のイケメンぶりにふさわしく小ぎれいに片づけられていて、六畳間はシングルベッドに本棚・机・テレビが整然と配置されたシンプルなものだった。

「じゃあ、仕事で汗かいただろうから、先にシャワー浴びてくる？」

ワタシがそう促すと、リョウ君は恥ずかし気に「はい」と答えて、ユニットバスへ。すぐにお湯を出して体を洗う音が聞こえてきたので、ワタシはほくそ笑みながら手早く服を脱ぐと、いきなり彼のもとへ乱入敢行！　こーゆーのは意外な攻め方で主導権をとっていくのが、愉しむ秘訣よね？

彼の裸身は、やっぱりイケメンぶりにふさわしくキュッと引き締まった細マッチョ体形で、ワタシは思わずナマツバごっくん。慌てて股間を隠そうとした手を払いのけると、さすがにソコはまだ小さく縮こまった状態だったけど、ワタシが自慢の八十六センチの美乳を揺らしながら指先で触れてあげると、すぐにムクムクと大きくなっていって。

「あら、けっこうイイもの持ってるじゃないの」

見る間に長さ十四～十五センチ、太さも四センチほどに固く成長したオチン○ンに、そばにあったボディソープ液をとって塗りたくってあげると、その妖しく滑った感覚に反応し、ますますたくましさを増していくようで。

「……あっ、あ、はぁ……あう……」

リョウ君は腰を前に突き出しながら、声を甘く喘がせて……ワタシもどんどんエッチ・テンションが上がっていって、

「ねえ、ワタシのオッパイも触ってぇ……」

とオネダリすると、彼は今や自分の股間を派手にブクブクと覆っているボディソープの泡をひとつかみ掬い、それをワタシの両方の乳房に塗りたくり、そのまま全体をヌチャヌチャと撫で回してきた。乳首を中心に、えも言われぬスイートな快感が広が

り満ちていく。

「はあっ、あっ、んあぁ……んくふぅ……いいわぁ……」

ワタシは悶え喘ぎながら、次第にオチン○ンをしごく手にも力が入ってしまい、ヌチュヌチュ、ズリュズリュという粘つく淫音も激しさを増して……！

「……っああっ、あ、ダ、ダメ！　もう出ちゃいそうですっ……」

なんてリョウ君が口走るものだから、ワタシも慌てて、

「イヤン、それこそダメよ！　まだ若いから二発、三発平気でしょうけど、ワタシは最初の一発目の濃くてスゴイやつを、思いきりぶちまけてほしいのっ！」

と言ってオチン○ンから手を離すと、シャワーでお互いの体の泡を洗い流したあと、二人もつれ合うようにユニットバスを出て、六畳間にあるベッドのほうへ一目散。もうすっかりガッついちゃってバスタオルで濡れた体を拭く余裕なんてなく、辺りはビッチャビチャ！　ごめん、許してっ！

なんて申し訳なく思ったのはあとの話で、そのときはもう二人とも欲望のままに突っ走るただのケダモノで、ベッドに転がり込むや、シックスナインの体勢でお互いの性器をむさぼるように愛し合って……まあ、とは言え彼はすでにギリギリ状態なので、暴発しないようにワタシのフェラ強度はほどほどに、でも彼にはワタシのアソコがド

ロドロにとろけ乱れるまで舐め啜ってもらって。

「はあっ！　もうきてぇ！　オマ○コいっぱい突いてぇ〜〜〜っ！」

いよいよ昂りまくったワタシは声を張り上げてそう叫び、それを受けて正常位の体勢に構え直した彼は、両脚を左右に大きく広げると、ワタシの濡れた穴の入り口に極限まで膨張したオチン○ンの先端を押し当てて……次の瞬間、ググッとたくましい力感が貫いてきてっ……！

「ああっ、あっ、あんんっ……んはっ……オチ○ポ気持ちいいのぉ〜〜〜っ！」

「はぁはぁはぁ……あっ、ああ、んんっ……はっ、はぁっ……！」

「イクイクッ……外、外で出してぇっ……あああっ！」

「……ううっ……あ、で、出るぅ……！」

ワタシが果てる絶妙のタイミングでオチン○ンを抜いてくれたリョウ君は、ワタシの胸元近くまで達するぐらいの凄まじい勢いで、タップリのザーメンをぶちまけてくれて……大満足で、もちろん万引きの罪は帳消しね！　今回みたいに給料日前でフトコロが厳しくても、もう万引きしちゃダメだぞ！

だってまた見つけたら、ワタシもまた、絶対ジッとしてられないもの……。

■私は卓也にアソコを舐められて悶えながらも、必死で桑原くんのチ○ポを……

W不倫の代償はオキテ破りのトリプル不倫エクスタシー

投稿者　牧口友里（仮名）／24歳／OL

ある日の職場での昼休み、同じ総務課所属で同期入社の卓也が、深刻な顔で近づいてきて私に小声で囁きました。

「何かさ、俺らのコト、バレちゃったみたい」

「えっ⁉」

ここで彼が言う『俺らのコト』とは、言うまでもなく不倫関係のことでした。私と卓也は、そもそも二年前の新入社員時代から恋人関係だったのですが、二人のカラダの相性はよかったものの、お互いに「何か私たち、結婚するってゆー雰囲気じゃないよね～」という共通認識のもと、いつしか割り切ったセフレ付き合いへと変わり、その後どっちもバタバタと別の相手と結婚しておきながら、引き続き関係は継続……格好としてはお互いにれっきとしたパートナーがありながらの、立派なダブル不倫の関係だったんです。

「バレたって……いったい誰に？　どうしてっ？」

　私も声をひそめて訊き返すと、

「営業の同期の桑原……俺、アイツと社内の飲み会で一緒したことがあって、特別仲がいいってわけでもないんだけど、ＬＩＮＥの交換しててさ。そしたらさっき、いきなりコレが送られてきたんだ」

『昨日見たぞ。同期の牧口友里とホテルから出てきたろ？　おまえらダブル不倫だよな？　いいのかなー、そんなことしてて？』

と、スマホの画面には恫喝めいたＬＩＮＥメッセージと、間違いなく昨日、私と卓也がホテルから腕を組んで出てきた現場を撮った画像が添付されてて……！

　私は、丸二年におよぶセフレ関係に馴れきったせいか、いつの間にか不倫発覚に対する警戒心が薄れてしまっていた自分たちのヌルさを痛感し、思わず自分で自分を殴り飛ばしたい気分でした。

（くそっ！　なんだか昨日無性にムラムラきて、衝動的に卓也を誘って近場のホテルへ行っちゃったばかりに……私のバカバカバカッ！）

　とか言ってても始まりません。

「で？　桑原くんはそれで他に何て言ってきてるの？」

「そ、それが……」

私と目を合わそうとせず、恐る恐るという感じで次に彼が差し出してきたＬＩＮＥ画面を見て、私は驚きのあまり椅子から転げ落ちそうになりました。

『このことを誰にもばらされたくなかったら、おまえらの不倫エッチに俺も混ぜろよ。前から俺、牧口友里のこと、いいなーって思ってたんだよな。ま、俺も既婚者だから、これでトリプル不倫ってことになるのかｗｗｗ』

どうやらこの交換条件に従わないわけにはいかないようでした。

そして翌週の金曜の夜、私と卓也は桑原くんから指定されたホテルに集合しました。三人で入った部屋には、かつて見たこともないような巨大なキングサイズのベッドがデーンと鎮座していました。

それにしても、まさか人生初めての３Ｐを、トリプル不倫＆口止め恫喝だなんて、こんな色々やんちゃなシチュエーションでやるハメになるなんて……人生、まったく何が起こるかわからないものです。

私たちはまず、順番でシャワーを浴びてこざっぱりと汗を流しました。そして皆、大判のバスタオルを裸の体にまとった格好でベッドに上がりました。

桑原くんが言います。

「じゃあまずは、そっちの二人でいつもやってるみたいに始めてよ。いきなり新顔の俺が混じるより、そのほうがやりやすいでしょ？」

　彼は気を利かせたつもりかもしれませんが、その新顔の人にマジマジと見られながらっていうのも、それはそれでやりづらいんですけど……と内心思いながらも、私と卓也は互いの目を見交わして頷くと、行動を開始しました。

　各自バスタオルを剝いで裸体をさらすと、まずはお互いに抱擁し合ってカラダをまさぐりながら、唇を重ねキスをしました。レロレロと舌をからめ合い、ジュルジュル唾液を啜り合いながら互いの口内をむさぼり合っていると、最初こそ緊張感がありましたが次第に馴れて自然体になり、それどころか桑原くんに見られていることが新鮮な刺激になって、かつてない興奮を覚えるようになっていました。お互いの口腔内吸引も激しく熱を帯びていきます。

「んはぁ……卓也ぁ、ああん……んじゅぶ、にゅぷ、じゅるじゅるじゅる……」

「あっ、ああ……友里っ！　じゅるる、にゅるっ……はうっ、うう……」

　そうしながら卓也の手が私の乳房をムギュムギュと荒々しく揉みしだき、乳首をコリコリ、キュウキュウと摘まみこね回してきて、私の中のエクスタシーがどんどん高まっていきます。

「あっ、あはぁ……卓也っ、いいのぉ……ぴちゃ、じゅぶっ……んんっ！」

「んじゅぶ……ああ……友里っ……！」

卓也が私の抱擁を解き、ベッドに仰向けに押し倒すと、股間を左右に大きく開かせてアソコにむしゃぶりついてきました。ぷっくりと膨らんだクリ豆を舌先でつつきこね回し、秘肉の層を激しくえぐり掻き回してきて……もうすでにすっかり乱れぬかるんでいるソコは、ビチャビチャ、グチュグチュ、ジュブジュブとあられもない淫音を立てながら、盛大にしぶきを飛ばして悦んでしまいます。

「……んはっ！　あ、ああん……あうん、うう、くふぅ……いいわ、卓也！　オマ○コ、気持ちよすぎるぅぅぅ～～～っ……んっ、んぐふぅ！」

と、恥も外聞もなく叫び喘いでいた私の声は、いきなり何かに封じられて。

それは桑原くんの超絶巨チンでした。

カチンカチンに勃起したその威容は、長さにして十七～十八センチ、直径も五、六センチはあろうかというビッグサイズで、私の顔の上にしゃがみまたがった彼がソレをグイグイと口内に押し込んできたんです。

「ああっ、俺ももう見てるだけじゃたまんなくなってきたっ……ほら牧口っ、チン○ンしゃぶってくれえっ！」

「……んぐっ、ぶっ、ぐぶっ……んちゅ、ちゅばっ、じゅぶぶっ……」

「ああっ、そうだ……いいぞぉ、亀頭のヘリをもっとねぶり回して……おっ、おおう！　そうだそこっ！　……ううっ……」

私は卓也にアソコを舐められて悶えながらも、必死で桑原くんの要請に応えてチ○ポをしゃぶりまくって……するとますますソレはいきり立っていくようで、サオの表面をウネウネと太い血管が走り、私の口内をさらに苛烈に圧迫してきて息苦しさは増すばかり……快感と苦痛がせめぎ合うめくるめくるつぼの中で、なんだかもう私の意識は朦朧としてきてしまいました。

するといきなり桑原くんが呻くように言いました。

「う～～～、もう限界っ！　牧口っ、マ○コに突っ込ませてもらうぞ！　安心しろ、おたがいに家庭を持つ身、ちゃんと避妊はするからなっ」

そして私の口から抜いた、私の唾液と彼のカウパー汁まみれでダラダラ状態のペニスにコンドームを被せると、私の身を起こして四つん這いの格好を強要してきました。

そしてバックからペニスをあてがいながら、

「ほら、三浦（卓也の名字）、おまえもそんなにチ○ポびんびんにして、もうたまらんだろ？　前から牧口にしゃぶってもらっていいぞ！」

と言い、それを聞いた卓也も嬉しそうに言われたとおり、四つん這いになっている私の顔の前に勃起ペニスを突き出し、咥えさせてきました。

そして次の瞬間、背後から私を貫く桑原くんの巨チンのインパクト！

「……んぐっ！　うっ、ううう……うぐっ、ぐふっ、んぐふぅ……！」

卓也ので口はふさがれて大声をあげることはできませんでしたが、ガンガンと私の肉体を貫きえぐってくる桑原くんのピストンがもたらす快感はまさに規格外で、私は知らず知らずのうちに自らも腰を激しく打ち付けるようにして、恥ずかしげもなくもっともっとと求めむさぼっていました。

そして、桑原くんと卓也による串刺し攻撃の中、私は都合三回はイキ果て、フィニッシュした彼らも、その後また持ち場を変えたりしながら、さらに私のカラダを貪欲に責め苛んだのでした。

こうして、そもそもはW不倫現場を見られた口封じの代償に強要された3Pセックスでしたが、すっかりその常軌を逸した快感と興奮に味をしめてしまった私たち三人……結局今では、自ら進んでこのトリプル不倫関係を愉しんでしまっているというわけなんです。

■彼の固く盛り上がった胸筋で、私の柔らかな乳房がグニャリとつぶれて……

五年ぶりに再会した担当患者との密愛オーガズム

投稿者 後藤安奈（仮名）／31歳／看護師

私は整形外科医院に勤める看護師です。夫（三十七歳）は某居酒屋の雇われ店長をしていますが、夫婦の悩みの種は、なかなか二人の休みが合わないこと。私の非番の日は患者さんの入退院状況によって変わっちゃうし、夫の店も原則年中無休とあって、それを取り仕切る店長としては、立場上なかなか自分の好きな日に休めません。おかげで最近、なんかギクシャクしてる私たちなんです。

そんなわけで、週末ですらない、ある平日に非番になった私は、夫はもちろん論外、ショッピングや映画なんかに付き合ってくれる友達もそうそういるわけもなく、今イチつまんないなーと思いつつ、一人寂しく街中をブラついてたんです。

するとそこへ、

「あ、後藤さんですよね？　○△整形外科の？」

と声をかけてくる若い男性が。

はて、こんなイケメンの知り合い、いたっけ？　と、素敵な見た目の声の主に覚えのない私でしたが、すぐに彼のほうから自己紹介してくれました。

「そりゃ覚えてないですよねー？　俺、五年前に骨折でお世話になった、斎藤恭平（仮名）です。ほら、サッカーの練習中に足を折って担ぎ込まれた……」

あ！　と私はそこでようやく思い出しました。

そうだ、そうだ！　恭平くん……たしか当時高二ぐらいだったっけ？　脛を骨折して入院してきたのを、私が受け持ちになって……あの頃も爽やかでカッコよかったけど、こんなにますますイケメンに磨きがかかっちゃって、まあ！

今、大学四年生で就職もほぼ決まり、バイト三昧の日々だという彼は、今日はもう仕事上がりで、よかったらお茶でもと誘ってきてくれました。

もちろん、私は即オッケー！　なつかしい上にこんなイケメンとおしゃべりできるなんて、ロンリー・ナース（笑）な私としては願ったり叶ったりです。

で、結局二時間ほどお茶したあと、思った以上に盛り上がった私たちは、その勢いのまま、彼が行きつけだというバルに飲みに行ってしまったわけです。どうせ夫の帰りは深夜一時近くだもの、ヘーキヘーキ！

ということで、夕食がてら軽く料理をつまみつつ、ますます楽しく盛り上がっていく話に合わせて、どんどん酒量も増えていってしまったわけですが、もうサイコーにイイ気分になっているタイミングで、彼が私に言いました。

「あの……今だから言いますけど、あのとき、俺にとって後藤さんが初恋の人だったんです。あの笑顔も、やさしさも……そしてもちろん女性としての魅力も……今でも俺、忘れられていないんです。今日偶然、再会したのって、なんか運命だと思いませんか?」

そしてまっすぐな視線で私を見つめてきて……。

初恋、女性としての魅力、運命……めくるめく言葉が私を酔わせ、ロマンチック&セクシーに気分を煽り立てられたあと、ふと気づくと恭平くんが私の腰に手を回して席を立たせながら、

「もう出ましょうか」

と囁きかけてきました。

そして私は何の抵抗を感じることもなく……いえ、抵抗どころか心身ともに昂るままに、彼に連れられホテルへ向かっていました。そのとき、心の片隅に夫に対する後ろめたさがなかったといえばウソになりますが、それよりも、心の底から私を欲し求めてくれる恭平くんに、完全に心鷲掴みにされていたんです。

いよいよホテルのベッドの上で二人全裸で向かい合ったとき、私はある種感動めいたものを覚えていました。私は夫のことが好きだし、彼とのセックスを十分気持ちいいと思っているけど、中高とサッカー部で汗を流し、大学でもずっとフットサル同好会に属して活動しているという恭平くんの肉体は、信じられないくらい鍛えられ研ぎ澄まされ……しかも夫より十五も、私より十近くも年下という若さも相まって、まばゆいばかりの魅力をもって迫ってきたんです。

「ああ、恭平くん……す、すごいカラダ……!」

「後藤さん……いや、安奈さんだってすごくステキなカラダですよ」

彼はそう言いながら、私を正面から抱きしめてくれました。彼の固く盛り上がった胸筋で、私の柔らかな乳房がグニャリとつぶれ、なまめかしくのたうちます。

「すごいな……安奈さんの乳首、きれいなピンク色だ。おいしそう……」

やさしく乳房を揉みしだきながら、彼が乳首をチロチロ、レロレロと舐め、チュパチュパと吸ってきて、痺れるような快感が私の脊髄を走り抜けました。

ごめん、あなた……どうしても、夫に同じことをされるよりも感じちゃうのを否定できません。イケメン&イケタイ（体）効果、恐るべしですね。

それから彼は、胸を可愛がりつつ、同時に指でアソコをいじくり始めました。ぷっくりと膨らんでヒクつくクリ豆をクニュクニュとこね回し、溢れ出した愛液でテラテラとぬめり光るビラビラをえぐりもてあそびながら、奥へ奥へと掻き回してきて……！

「……ああっ、イイッ！　感じるわぁ、恭平くんッ！」

胸とアソコへの愛撫の快感が呼応し合い、からまり高め合って、ここ最近欲求不満気味だった私の性感は、待ってましたとばかりに淫らに弾けてしまいます。

「ああん、たまんなぁい！　ねえねえ恭平くん、恭平くんのオチン〇ン、しゃぶらせてえっ！　いっぱい舐めたいのぉっ！」

あられもない私の懇願に応えて恭平くんは体勢を変え、私たちはシックスナインの格好になりました。

「僕だって安奈さんのオマ〇コ、いっぱい舐めちゃいますよぉ！」

そう言うと彼は私の濡れた肉ビラにむしゃぶりつき、私も彼の若くイキのいい勃起ペニスを咥え込みました。そしてピチャピチャ、ヌチュヌチュ、ジュボジュボ、ジュルジュル……と、双方あられもなく淫らな音を立てながら、むさぼり愛し合って……！　そうするうちに彼のペニスは限界までパツンパツンに固く張り詰め、私もドロドロに乱れ飢えてしまって！

「ああん、もうダメ、恭平くん！　あなたのその固くて大きいオチン○ン、私の淫乱マ○コに入れてぇっ！　んあああぁっ……」

次の瞬間、ついに彼のペニスが私の肉門をニュプリとこじ開け、ニチュニチュと肉壺の中へ侵入してきました。そしてジュップ、ヌップと淫らな抜き差しを速く激しくしていって。

「ああっ、いいっ……いいわぁっ！　奥まで当たってるぅ……恭平くんのオチン○ン、サイコーよぉ～～～！」

「うぐ、んくうっ……安奈さんのオマ○コもキュウキュウ締まって、とっても気持ちいいですぅ！　あ、ああっ……も、もう出そう……！」

「ああん、きてきてぇ～～～っ！　私もイッちゃう～～～！」

私が絶頂に昇り詰めた瞬間、胎内で爆発が起こり、恭平くんが放出した大量のザーメンが溢れこぼれ出しました。

思わず「やっちゃった！」と思いましたが、結局妊娠していなくて一安心。

今後もう二度と恭平くんに会うことはないと思いますが、この日の出来事は、私の大切な思い出として心の中で生き続けることでしょう。

■僕は淡い茂みにうっすらと覆われた秘密の女唇をあらわにさせ、喰らいつき……

得意先の不遇の奥さんと堕ちた禁断の淫欲関係

投稿者 村中智也（仮名）／36歳／自営業

死んだ親父の跡を継いで、二代目店主として酒屋を経営しています。二つ年下の妻と二人の息子、そして母との五人暮らしで、忙しくも幸せな日々を送っていたと言っていいでしょう。

でも一年前、ある新しいお得意さんの家に配達をするようになってから、そんな暮らしに……というより、それまでの平穏な僕の心に、怪しいさざ波が立ち始めたんです。

その家は四十歳前後のご夫婦と、そのご主人のほうのご両親との四人暮らしの、なかなか立派なお宅でした。小さな商店のうちとではまるで比べようもありませんが、ご主人も先代のお父様が興した会社の二代目社長ということで、かなり裕福な暮らしぶりのようでした。そんな家柄もあってか来客も多く、そのおもてなし用にビールやワイン、日本酒、ウイスキーなどをしょっちゅう大量にご注文いただき、うちとしてはありがたい限りだったんです。

月にだいたい三、四回はまとまった注文があり、その都度、僕は車で商品を配達するわけですが、なにしろお酒は重いですから、僕が配達用のライトバンとお宅の物置の間を、一度に最低二回は往復して運び入れます。

そして毎回その対応をしてくれるのが、若奥さん……といっても、三十七歳の藍子さんでした。僕に対して（他のご家族と違って）何の偉ぶるところもなく、いつもやさしい笑顔で接し、お茶まで出してくれる彼女は、おまけに私の三十四歳になる妻よりも若く見える上に美人で、僕は正直、彼女に会えるのが嬉しくて、毎度配達に伺っているようなところがありました。

ところがあるときを境に、そんな藍子さんから笑顔が消え、目に見えて暗く打ちひしがれたような表情に変わっていったんです。

何かつらいこと、悲しいことがあったのだろうか？

僕は心配で気になって仕方ないものの、立場的にもそんな立ち入ったことを聞くわけにはいきません。でもやっぱり何もしないではいられなくて、いつも精いっぱい明るく、彼女を元気づけるような態度を心がけていたんです。

こうして、自分の家族には言えませんが、藍子さんのことが気にかかって仕方ない僕は、彼女のことを思うだけで、どうにも気持ちの落ち着かない日々を送っていたというわけなんです。
そんなある日のことでした。
またこのお宅からビール二ダースの注文を受け、僕は配達に向かいました。お昼の
三時すぎぐらいだったかと思います。
ご主人は仕事があるから当然として、例によって義両親のお二方もそれぞれの友人
づきあいなどの外出で不在で、家にいるのは藍子さんだけでした。相変わらずその表
情は暗く、僕はビールを物置に運び込み終えたあと、彼女からお茶を出してもらいな
がら、言いました。
「奥さん、今日もなんか暗いですね〜、せっかくの美人が台無しですよ！　ほらほら、
もっと明るく！　僕、奥さんの笑顔が大好きなんですから」
と、驚いたことに彼女の目から、いきなり涙が溢れ出してきたんです。
「えっ、えっ……！　ぼ、僕、何かマズイこと言いました？　す、すみません！」
慌ててそう言った僕に、藍子さんは涙を拭いながら言いました。
「いいえ、マズイだなんて……逆に嬉しかったんです。そんなふうに言ってくれるのは、
村中さんだけだから……うちの家の人は皆……」

さらに激しく嗚咽しながら彼女が語ったのは、この家でのつらい暮らしの実情についてでした。

もう結婚して十年になるというのに、どうしても子供ができない彼女に対して義両親からの当たりはきつくなる一方で、石女《うまずめ》、できそこない、役立たず呼ばわりは当たり前。それでもすでに実両親が他界している彼女には、つらくて離婚したくてもう帰る場所はなく、ただ耐え忍ぶことしかできなくて……それに加えてなんと最近、ご主人がよその女を妊娠させたのだといいます。このことを非難するどころか、義両親はそのよその女を家に迎え入れて子供を産ませ、藍子さんのことは家政婦として扱えばいいなどと言いだす始末で……。

聞いているうちに僕は、何だかもうたまらなくなって、思わず藍子さんのことを抱きしめていました。そして遮二無二叫んでいました。

「大丈夫！　僕がついてますから！　藍子さん……好きですっ！」

するると藍子さんは、その涙に濡れた美しい目で、僕の瞳をまっすぐに見つめてきました。

「む、村中さんっ……！」

僕はすかさず口づけしていました。

唇をむさぼるように吸いまくり、舌を入れようとすると、彼女の唇は何の抵抗もなくヌルリとそれを受け入れ、僕は彼女の舌にヌロヌロとからみ合わせ、ジュルジュルと激しく音を立てながら唾液を啜り上げました。

「……んあっ、ああ……む、村中さぁん……あ、はぁっ……」

「……んじゅぶ、んんっ……藍子さん！　んじゅるるるっ……」

僕はますます濃厚に彼女の口内を味わいながら、その純白のブラウスのボタンに手をかけ、一つ一つ外していって……とうとうすべてがはだけられたあと、決して大きくはないけど、その表面に青い毛細血管が浮いて見えるほど透き通るように白く美しい、形のいい乳房がブラの中にバランスよく収まっている様が現れ、思わずゴクリと生唾を飲み下しました。

そして逸る気持ちをどうにか抑えながら、彼女の背中に手を回してブラのホックを外すと、ふぁさりと下に落ちて……その年齢に比して信じられないほどキレイなピンク色の乳首を目にしたとき、僕のギリギリの自制心はものの見事に弾け散っていました。

「あ、あ、あ……藍子さ～～～～～んっ！」

そう叫ぶと腹をすかした赤ん坊のように彼女の胸にむしゃぶりつき、マシュマロのように白く柔らかい乳房を荒々しく揉みしだき、こねくり回しながら、チュバチュバ、チュウチュウ、シャブシャブと乳首を吸い立て、舐めしゃぶり立てて。

「んあっ、ああっ、あぁぁ……む、村中さ～～～ん……！」

藍子さんは身をのけ反らせて悶えヨガリながらも、僕の股間に手を伸ばしてきて、ズボンの上から熱い昂りを揉みくちゃにまさぐり回しました。そのあまりの気持ちよさに、僕は天にも昇らんばかりに恍惚とし、男根は今にも爆発せんばかりに荒々しく勃起していました。

ああ、藍子さんの大事なところをたっぷり味わいたい！　そう熱望した僕は彼女のロングスカートを剝ぎ取り、パンストも脱がせると、淡い茂みにうっすらと覆われた秘密の女唇をあらわにさせ、そこに喰らいつき、かわいく膨らんだ肉豆を、濡れてヒクヒクとわななく肉ひだを、これでもかと舐め回し吸い啜り、愛しまくっていました。

「くあぁ、あっ！　す、すごいぃ……村中さぁん……こんなの気持ちよすぎて死んじゃううぅ～～～～っ……んあぁはぁぁ～～～～っ！」

藍子さんは狂ったようにそう悶え喘ぎながらも、自分からも僕のズボンと下着を脱がせ、引っ張り出した勃起男根を握り締めて引き寄せると必死でしゃぶろうとしてきました。僕は夢見心地でそうされるがままに任せ、結局お互いの性器を舐め合うシックスナインの体勢に移行していました。

彼女のしゃぶり立ては、普段の清楚な雰囲気からは想像もつかないほどケモノじみた貪欲さに満ちていて、僕はその快感に身悶えしつつも、今にも根元から喰いちぎられてしまうんじゃあ？　という、冗談みたいな恐れを抱いていたりしたんです。

そしてお互いに限界までむさぼり合い、味わい合った果てに、ついに僕は男根で彼女の女唇を貫き、深々と合体し、双方のカラダが壊れんばかりに激しく抜き差しして……ほどなくクライマックスが迫り来て……、

「あ、ああん、はぁっ……村中さん、あたし……イッちゃうぅ～～～！」

「はぁはぁはぁ……藍子さん、ぼ、僕ももうっ…………！」

「あひっ……あ、あぁぁぁ～～～～～っ！」

身を大きくのけ反らせて果て悶える彼女の肉体の奥深くに、僕はありったけの男汁をドクドクと注ぎ込んでいました。

その日以来、配達時の僕と藍子さんの関係は続いています。僕は許される限り、彼女のことを癒し、助けてあげたいと願っているんです。

■彼女は私の背後から手を回して、両乳をムニュムニュと揉みしだいてきて……

ママさんバレーの汗にまみれ匂う淫靡な快楽に濡れて

投稿者　泉田優香（仮名）／29歳／パート

　夫の仕事の関係で今の土地に引っ越してきて、まだ一ヶ月半ほどなんですけど、ひょんなことから私が中・高と部活でバレーボールをやっていたことが知れて、どうしてもと頼まれて断れず、地域のママさんバレーチームに参加することになっちゃったんです。あ、ちなみに私、まだ子供がいないんでほんとはママさんじゃないんですけど、その辺は適当でいいみたい。

　何で熱心に勧誘されたかというと、ここのところチームメンバーの高齢化が進んで、私の他の皆さんは全員アラフォー以上ということで、このままじゃ大会に出ても、元実業団選手とかインターハイ出場経験ありとか、若い有力選手を揃えてきてるライバルチームにとてもじゃないけど太刀打ちできないと、とりあえず若返りが緊急の大課題のようでした。

　ほんとは私、中・高のバレーボール部時代は、とにかくきつくてしんどかった思い出しかないので、もうたくさんっていう感じだったんだけど、まあしょうがないですよね。夫は理解もあるので、いいよって言ってくれたし。

練習は毎週金曜日の夜七時から九時、地元の小学校の体育館を借りて行われていました。小さな子供のいるメンバーは一緒に連れてきて、他のメンバーの子供たちと体育館の隅っこで遊ばせているみたいでした。

私が練習に参加し始めて、三回目のときのことでした。

子供連れの皆は、あまり遅くならないうちにと、さっさと帰っていきましたが、私を含めて他のそうじゃない五人のメンバーは、狭い更衣室の中を練習後の熱気でムンムンにしながら、汗だくになった体をタオルで拭いていました。シャワールームなんて気の利いたものはありません。

すると、中でいちばん年上で四十三歳のKさんが私に話しかけてきました。

「どう、このチームにも馴れてきた？」

「ええ、皆さん、とても親切だし、楽しく練習させてもらってます」

私がブラを外して下乳の裏に溜まった汗を拭きながら、そう答えると、

「それはよかったわ。ああ、それにしても、あなた大きなオッパイしてるわね。私なんか昔から貧乳だからうらやましいわ」

と、Kさんは思いがけないことを言ってきて、私はちょっとドギマギ。

「うらやましいだなんて、そんな……私は逆に、この胸のおかげで試合なんかのときも盗撮されたりして、それがネットに出回ったり……マジほんと、イヤな思いしかしたことないですよー」

半ばホンネを交えながらも、そうやって自分を落とすふうに言ったんですが、そこに思わぬ横やりが入ってきて。

「えーっ、そうなのー？　もし私がこんなイケてる胸してたら、狙った男を次々落として、ヤリまくってたろうなー……ねえ、ちょっと触らせてよ」

横で聞いてたSさん（三十八歳）がそんなことを言いながら、いきなり私のナマ乳を揉んできたんです。イヤもうびっくり！

「わ、わわっ！　ちょっとSさん、勘弁してくださいよー！　んもう、ここ女子高じゃないんだから～」

私はかろうじて笑いながら、冗談めかした口調でSさんの手から逃れようとしたんですが、なんとあろうことかそこへ、

「あ、いいないいな！　アタシも触りたーい！　揉ましてーっ」

なんて言いながら、他の二人も乱入し、私の胸を触ろうと、我も我もと手を伸ばし

てきたんです。

（な、何なの、コレ一体……!?）

私はさすがにちょっと尋常じゃない雰囲気を感じながらも、

「きゃーっ！　助けてーっ！　エッチーッ！」

と、精いっぱい明るいキャッキャ口調で、でもホンネの部分ではチョー真剣に皆のこの、冗談にしては行き過ぎたふるまいをたしなめようとしました。

ところが、いちばんそれに同調してくれそうな最年長のKさんまでが、

「うふふ、いいじゃないの、泉田さん。減るもんじゃなし」

なんて言いながら、なんと私の背後から手を回して、両乳をムニュムニュと揉みしだいてきたんです。しかもあろうことか、同時に私の耳朶を甘噛みし、チロチロと舐め回しています。

「ちょ、ちょっとKさん……な、何をっ……あ、ああん……！」

私は必死でKさんの行為をいさめようとするものの、耳朶からうなじへゾクゾクと走る痺れるような戦慄に、たまらず上ずった声をあげてしまいました。

「うわー、泉田さん、いい声ーっ！　もっと聴かせてーっ！」

すると他の面々も口々にそんなことを言いながら、一気に私のカラダに群がってき

ました。そして一人は私の唇を吸い、一人は脇の下を舐め、もう一人は私のジャージを下着ごと引き下ろすと、汗で蒸れたアソコに触れてきて、クチュクチュと指を差し入れてきました。

汗にまみれ、湿った酸っぱい体臭を放ちながらからみ合う、上半身剝き出しの半裸の女たち……傍から見るとさぞや異常で、淫靡な光景だったことでしょう。

（ああ、私、何でこんなことになっちゃってるんだろう……？）

グルグルと頭の中を混乱させながら、でも最初こそ驚き抗おうとしていた私でしたが、全身にからみつくように侵食してくる、とろけるように甘美な恍惚に、次第に呑み込まれ、受け入れてしまっていました。

「ああ、泉田さんのおっきいオッパイ、おいしいわあ！」

今や別々の二人に左右の乳房を舐めしゃぶられ、乳首をチュパチュパと吸われ、下半身にまとわりついたあとの二人から太腿に舌を這わされ、アソコの中を舌でピチャピチャと掻き回されて……高まる一方の快感に、たまらず膝から崩れ落ちそうになってしまいます。

そこへKさんが、

「ああもう、立ったままじゃ存分に楽しめないわね。さあ皆、いつもどおり外に行きましょう。そこで泉田さんをとことん可愛がってあげましょうよ」

とツルの一声を放つと、他の皆も「さんせーい！」と応えて。

（ええっ！　そ、外って……⁉）

思わずビビる私でしたが、それはさっきまで練習に汗を流してた体育館のことで、皆はそこへ倉庫から分厚いマットを引っ張り出してくると、その上で改めてからみ合い始めたんです。

他に誰もいないだだっ広い体育館の隅っこで、今や完全に全裸になり、私を欲望の標的として中心に据えながら、淫靡に激しく触れ合い、舐め合い、吸い合い、まさぐり合い、とろけ合う女たち。

汗でニチャつき、酸っぱい匂いを放ちながら、でもそれはかつて味わったことのない甘美な悦楽に満ちていて……私はいつ果てるとも知れない女同士の快感の洗礼にすっかり支配されてしまったんです。

聞くと、これがこのチームの秘密の入団儀式なのだとか。肉体で深く結ばれ合った絆は、心のつながりまで強くしてくれるのだとか。本当に……？

でもま、気持ちイイからいっか。

■三人の放ったザーメンでドロドロに汚されまみれながら、私はなんと五回も……

最後のマンション理事会で最高の快感にイキ悶えた私

投稿者　沢村翔子（仮名）／34歳／専業主婦

それなりの企業に勤める夫と、娘一人の三人で暮らす専業主婦です。仕事や時間の制約が他の家の奥さん方より少ないだろうということで、マンションの理事会で今年の春まで理事の一人を務めていました。

これは、その最後の理事会のときに起こった、今思い出してもカラダの奥底が妖しく疼き、たまらない気持ちになってしまう出来事のお話です。

夜の八時半すぎ、大方のマンション住人が参加した最後の総会を終え、皆が散会したあと、会場である集会場には六人の理事だけが残り、

「それでは皆さん、一年間の任期、本当にお疲れさまでした。カンパーイ！」

「カンパーイ！」

理事長の酒井さん（五十四歳）が音頭をとり、最後の理事会という名目の『打ち上げ飲み会』が始まりました。総会用に用いた折り畳み机の一つの上には、あらかじめ

用意してあったスナック菓子や珍味類と、二十本近い缶ビールが並べられています。

私は理事の一人である向井さん（四十七歳）から、透明なプラスチックのコップにビールを注いでもらいながら、何ともいえない居心地の悪さを感じていました。理由は二つあって、まず一つは女性の理事が私一人であること。本来なら男女半々の比率であることが理事会の規定なのですが、どう調整しても私の他になり手が見つからなかったということで……まあ、皆さん色々あるでしょうから、今さら恨み節を嘆いても仕方ありません。

そしてもう一つ……これはひょっとしたら私の単なる思い込みかもしれませんが、私の他の五人の男性理事が、私のことをよからぬ目で見ているのではないかという疑念があって……。私は特に理事長の酒井さんと、向井さんからの全身を舐めるような視線がたまらなくイヤで、昨今特に暑さが厳しかった夏場も極力肌が露出したり、九十五センチのGカップあるバストラインが目立たないよう長袖や厚手の服を着たりせねばならず、それはもう大変な思いをしたものです。

でも結局、彼らからはっきりした『実害』は被ることなく、こうして一年の任期を無事終えようとしてるわけだから、やっぱり私の思い込みだったのよね。皆さん、変な言いがかりつけてゴメンね！

私はスッキリとそう切り替えて、せっかくの打ち上げを楽しもうと、皆から注がれるままに次々とコップのビールを空けていったんです。

「女性一人でよくやってくれたね、沢村さん！」

「ほんとお疲れさま！　よくがんばったねー！」

「はい、ありがとうございます！　これもすべて……皆さんのごしろう、ごべんらつのおかげれす～！」

アルコール摂取量が増えて、どんどん陽気に楽しくなる一方で、私の呂律は怪しく、カラダの制御もフニャフニャとおぼつかないものになっていきました。そんな中、倉本さん（四十九歳）が訊いてきました。

「でも沢村さん、もうそろそろ帰らないといけないんじゃないの～？」

でも私は、大丈夫で～す！　と答え、

「今日は、早めに帰ったダンナに娘のゴハンの面倒も見てもらってるんで、あと一時間ぐらいは余裕なんれす～」

よせばいいのに、言わなくていいことまでペラペラと口にしていました。

と、その瞬間に、それまで陽気ににぎわっていた場が一瞬にしてシーンと鎮まり返り、さらには「ゴクリ」と生ツバを呑み込む音までが聞こえてきたような気がしました、それも複数の！

そのとき、背後から理事長の酒井さんが近づいてきて言いました。

「そうか、それはよかった。それなら、唯一の女性理事として一生懸命がんばった沢村さんに、我々からご褒美をあげる時間もありそうだね」

「えーっ、そんなのいいれすよ～！　お気持ちだけで……ね？」

理事長の言葉を真に受けた私は、のんきにそんなふうに応えていましたが、気がつくと五人の男性理事によって、完全に包囲されてしまっていたんです。

「まあ、そう言わず……気持ちだけでなく、現物で受け取ってくれよ」

そして酒井さんは羽交い絞めの格好で私の胸を鷲摑むと、ブラも洋服ももののともせず、ワシワシと乳房を揉みしだいてきました。

「おおっ、すごい！　ブラがはち切れんばかりに中身がミッチリ詰まったこのオッパイ！　ホンモノの爆乳だぁっ！」

酒井さんの声音は狂気にも似た興奮に満ち溢れ、歪んだ喜びを炸裂させていました。

これが合図になったかのように、他の四人も私に群がってきました。

向井さんが私の唇にむさぼりつき、口の周辺ごとベチャベチャと舐め回しながら、舌を突っ込むと歯茎から口蓋まで口内中をしゃぶり回しつつ、舌と舌をからめてズリユズリユとうごめかし、吸い立ててきました。

「……んっ、んぐふぅ……んはぁっ……！」

「ああっ！　沢村さんっ……た、たまらんっ！」

倉本さんともう一人、高島さん（四十一歳）というなかなかイケメンの人が、目をらんらんと欲望で輝かせながら、私の着ていたネルシャツのボタンを外して前をはだけ、ブラを剝ぎ取ってしまいました。当然、背後からの酒井さんの揉みしだきは直接私のナマ乳房に食い込み、それに加えて倉本さんと高島さんが左右の乳首を分け合うようにしてレロレロ、チュパチュパと吸いしゃぶってきます。

「ふあぁっ……んぐぅ、ううん……くうぅっ……！」

私はそう易々とは身動きできない状態の中、着実に増幅しながら流れ込んでくる快感の奔流に、ひたすら呑み込まれ、流されていくしかありませんでした。

そして最後に残った一人……実は五人の中では密かに一番私のタイプだった柳浦さん（三十七歳）が、私の穿いていたスカートを脱がせ、パンストもずり下げて足首から抜いてしまうと、私の両脚を左右に大きく開かせて、あられもなく剝き出しになった赤い肉唇に指を突っ込み、ヒクヒクと震えるクリ豆をこね回しながら、ジュブジュブと内部を搔き回してきました。恥ずかしげもなく滲み溢れる愛液が、チヤプチヤプと淫らな音を響き渡らせます。

「……んはっ！　はあっ、あん……あ、あぁぁぁ〜〜〜っ！」

たまらず向井さんの唇から口を離した私の喉から、喜悦の悲鳴がほとばしってしまいます。もう体中が快感にまみれて痺れ、とろけ……私は早く、さらに上のレベルのエクスタシーが欲しくて、どうしようもなくなってしまっていました。

「ああ、沢村さん、私ももう限界だよ……ほら、手を後ろに回して触ってごらん。チン〇ン、すごい勢いでいきり立ってるだろ？」

背後で乳房を揉む酒井さんに言われるままにしてみると、いつの間にかズボンのチャックを開いて外に顔を出していたそのペニスは、信じられないくらいストロングに勃起していました。

「あ、ああっ……これ、欲しいっ……」

思わずそう言ってしまった私に対して、酒井さんは「よしきたっ！」と応えると、そのままバックからアソコに突き入れてきました。夫のよりも一回りは大きいそのブツの抜き差しに、私はケダモノのように悶え喘いでしまいます。

「あひっ、ひぃ、くふぅ……ああん、いいっ……んぐふ、ううっ……！」

と、いきなりその口は向井さんのペニスで塞がれてしまいました。酒井さんに負けず劣らないデカブツです。両手をついて四つん這いになり、バックから酒井さんに刺し貫かれながら、向井さんのを舐めしゃぶる私。すると、ほぼ同時に二人は極まったようで、酒井さんは私の胎内に、向井さんは口内にザーメンを注ぎ込んできました。

そしてその二人に代わって、残る倉本さん、高島さん、柳浦さんがむしゃぶりついてくると、彼ら三人に入れ替わり立ち代わり貫かれ、しゃぶらされ、もてあそばれ……完全な肉便器状態を強いられた私でしたが、それはこれまでの生涯で最高に感じ、とろけた体験と言っても過言ではなく、三人の放ったザーメンでドロドロに汚されまみれながら、私はなんと五回もイキ果ててしまったのでした。

自身、二回目の、そしてこの最後の理事会を締めるラスト一発を私の中に見舞った酒井さんは、やさしい声でこう言いました。

「さあ、これで本当の最後だ。私たちからの心づくしのご褒美、悦んでもらえたかな？　沢村さん、お疲れさまでした」

人妻手記
満たされない人妻の禁断不倫SEX
～寒い冬に夫に隠れ……背徳イキ！～

２０２３年１２月２６日　初版第一刷発行

発行人　後藤明信
発行所　株式会社　竹書房
〒102-0075　東京都千代田区三番町８－１
三番町東急ビル６F
email：info@takeshobo.co.jp
ホームページ：http://www.takeshobo.co.jp
印刷所　中央精版印刷株式会社
デザイン　株式会社　明昌堂
本文組版　ＩＤＲ